品牌红利

何 勇 ◎ 著

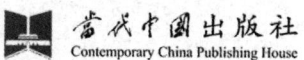

图书在版编目（CIP）数据

品牌红利 / 何勇著 . -- 北京：当代中国出版社，2024.6
ISBN 978-7-5154-1371-6

Ⅰ. ①品… Ⅱ. ①何… Ⅲ. ①品牌—企业管理 Ⅳ. ① F273.2

中国国家版本馆 CIP 数据核字 (2024) 第 080419 号

出版人	王 茵
责任编辑	陈 莎
策划支持	华夏智库·张 杰
责任校对	康 莹
出版统筹	周海霞
封面设计	回归线视觉传达
出版发行	当代中国出版社
地　　址	北京市地安门西大街旌勇里 8 号
网　　址	http://www.ddzg.net
邮政编码	100009
编辑部	（010）66572180
市场部	（010）66572281　66572157
印　　刷	香河县宏润印刷有限公司
开　　本	710 毫米 × 1000 毫米　1/16
印　　张	14 印张　162 千字
版　　次	2024 年 6 月第 1 版
印　　次	2024 年 6 月第 1 次印刷
定　　价	68.00 元

版权所有，翻版必究；如有印装质量问题，请拨打（010）66572159 联系出版部调换。

自序

每一个品牌消费者都渴望被看见、被欣赏

从逻辑上讲，只有当商业世界的品牌文化被颠覆的时候，才会产生一种结构洞，进而出现一种红利机会，后来者可以翻盘重来。从中国市场的品牌变迁来看，笔者认为，这个品牌红利的周期是一代人，基于文化层面的全面认可，至2040年中国品牌将风靡全球。

在数字化智能时代，我们看到媒介的细碎化，完整的中心化大媒体正在走向消亡，无数企业和个人媒体的崛起，让我们进入新的大众文化繁荣时代。笔者在另外一本书《文化红利：文化产业驱动中国经济》中，谈及中国的文化底蕴终将转变为中国品牌的商业机会，因为全球媒介布局的变迁，全球的消费文化都在从"现代性"转变为"后现代性"。基于现代性的标准化价值观灌输，品牌消费者的视角正在转化为对其自身的关注，科技进步很好，但不能够毁灭生活本身，品牌消费者更加注重主观、情感和体验，他们不再关注整齐划一的大品牌，主张多元文化、多元价值观和多元知识体系共存。

老一套的品牌经营方式越来越受到新的挑战。过去，品牌会宣扬自己代表某一类消费者。新的时代，品牌需要理解自己的用户，用户需要被欣赏，需要被品牌焕发出的精神共鸣所滋养，这是传统品牌文化被颠覆的总体表现。

笔者在书中提到了"品牌合伙人"的概念，不要将用户作为消费者，而是作为新合伙人，来重新设计自己的品牌组织。"现代营销之父"菲利普·科特勒在北京举办的2019科特勒未来营销峰会如是说：用户是品牌大使。这是国际营销学术界的顶级大师肯定了品牌在某种程度上就是用户的口碑。品牌整个逻辑链变得非常简单，大群用户说你好，你才是真的好。笔者在另外一本著作《中国式合伙人》[①]中谈及现在是一个合伙人时代，品牌作为一种具有战略价值的凝结资产，需要成为企业和用户的共创行为，这是合伙人才会一起干的事情。

每一次技术革命都会带来一次市场权利的重构，品牌红利正是来自产业互联网的信息技术革命，"时代给饭吃，比自我奋斗逆势拼搏更有价值"。那些曾经不可一世的世界级运动品牌，正在全球市场滑落，反观中国的运动品牌则顺风飞扬。中国品牌将用户看成合伙人，可以共同完成一次组织创新，建立新的品牌体制。而和品牌合伙人一起做品牌，也将成为一种现实。

品牌正在从"交换"时代转变为"交互"时代，新的品牌运营强调互动性和参与性，后现代主义强调互动性和参与性，品牌运营也越来越注重与消费者的互动和参与，通过社交媒体、活动营销等方式与消费者建立更加密切的联系。

《慈善创新与共同富裕》是笔者的另外一本著作，其中谈及企业在履行社会责任的时候，其实是一种和用户的品牌共创行为。因为慈善行为，一个中国品牌实现了品牌焕新，企业品牌受到了"Z世代"的集体认可，在短

---

① 何勇：《中国式合伙人》，中华工商联合出版社2022年版。

视频媒介上，上千万用户和企业官方一起互动，这样的群体互动模式，这种群体示爱的行为，正是新品牌价值传播的主要表现形式。

用户的逻辑很简单，你支持我们要支持的人，我们就支持你；你帮扶我们要帮扶的人，我们就帮扶你，这是一种共同体验的品牌情感。

品牌的心智世界正在发生分野，一个是"别人的世界"，一个是"自己的世界"。未来，不再是"我懂品牌"，而是"品牌懂我"。基于情感连接，每一个品牌消费者都渴望被看见、被欣赏，通过创新的营销手段、大胆的创意等方式来吸引品牌消费者的注意力，企业品牌在分享和行动的过程中，带领用户一起玩，一起开心，甚至一起流泪，这就是一种品牌感召力。

当消费者的内心世界被品牌照亮的时候，品牌也就到了比拼"欣赏力"的时代。品牌红利期正在徐徐开启，"坐二望一"的中国经济时代也正在到来，时代的觉醒者根本不需要一个标志性的事件就已经知道时代变了，现在就要为未来而行动，这是品牌运行者的哲学。

何勇

2023 年 4 月 19 日于北京

前言

品牌是企业的免疫力

百年未有之大变局下，中国企业的困局是什么？我们最大的体会是什么？

因为中国制造业的强大，制造效率逐步提高，不可避免地出现产能过剩。而消化产能的主要方式是"促销+流量"。促销有没有用？起步有用，但很快就会从"促而消"转化为"促不消"。搞流量有没有用？起步也有用，且流量伴随促销同时进行。但是，困局在这个阶段就凸显出来了，促销导致价格不断下降，流量成本却不断上升，双向挤压使得利润越来越薄，很多企业的获利变得非常有挑战性。

中国非常重要的人口红利和流量红利消失了，我们正在进入一个存量博弈的时代。越来越多的企业感受到了时代的冲击，许多企业都被卷入存量博弈、量价齐杀的旋涡中。

行业革新的加剧、客群心理的波动、企业价值的重估，以及游戏规则的改变，全面加速了经济领域的洗牌。在不确定性的时代，如何快速穿越周期，获得确定性增长，成为企业经营过程中的必答题。

中国企业在当下这个不确定的时代里，运用真正的确定性东西获取消费者的支持，夯实企业在行业中的位置，等于为企业加注了一套坚固的"免疫系统"。

这个确定性的东西、这套企业的免疫机能，就是品牌。看看那些世界级企业，成功的关键都离不开品牌趋向，它们的最大特点是全部通向品牌之路，将企业的品牌力升级成任何时代病毒、任何经济病毒都无法侵蚀的超强"免疫力"。

后疫情时代，品牌进化、品牌创新成为企业应对变局的必要条件，企业必须始终坚定走品牌发展之路，坚信品牌力就是企业的"免疫力"。于企业而言，品牌力不仅是品牌增值的杠杆力量，也是检验企业外部形象、市场认知度、社会公信力的重要指标。当企业速生速死成为时代的印记，品牌力将成为企业穿越不确定性的"硬通货"。

品牌的打造不是短时间就可以见效的，也不是随便做一做就能有收获的，品牌的形成需要一个从量变到质变的过程。但因为行业的不同，量变到质变的拐点差异很大。在拐点达到之前，往往只有知名度的提升，但销售效果不明显；持续投放至拐点达到后，就会有明显的销售溢出效果。企业做品牌，必须有独特的匠心产品，找到品牌的差异化价值，抓住行业的时间窗口，在定位上不断校准，在身份上不断标记，在营销上不断优化，在传播上持续投入，在壁垒上不断夯筑，才能真正迎来战略拐点，引爆品牌。

经历新冠病毒感染的不断打击，未来几年世界经济仍将在低位徘徊，企业想要在不利的经济形势下实现生存和发展，就必须坚持打造"三度"品牌——有温度、有态度、有深度。温度来自企业的以人为本、以用户为中心的坚守，态度源自企业对社会责任的履行和实现品牌价值的坚持，深度源于企业对做极致产品和服务的孜孜追求与匠心精神。

"顺潮流而动，借大势而为"，新基建、新经济、新供给、新服务、新格局是我国经济发展的鲜明主题。在新的充满挑战的时期，企业亟须抢抓新机遇，树立新品牌，争做新势能，为企业发展铺设辉煌之路，为国家强盛和社会美好作出更大贡献！

目录

第一章　品牌全景图：带你重新认识品牌
　　品牌理念：企业的生存基础 / 2
　　品牌战略：定方向，树"三观"，立人设 / 5
　　品牌管理：三个指标带你入门 / 9
　　品牌使命：影响一个品牌能走多远 / 13
　　品牌文化：给品牌注入灵魂 / 17

第二章　品牌新赛道：找准属于品牌的定位
　　品牌基因：品牌创立的初衷 / 22
　　品牌差异：20% 的变因操纵着 80% 的局面 / 26
　　品牌背书：宣传的作用是建立品牌 / 28
　　品牌范围：品牌在产品类别和市场上的跨度 / 31
　　品牌升华：多久进行一次重新定位 / 33

第三章　品牌符号化：品牌最核心的记忆资产
　　品牌元素：六项选择标准 / 38
　　品牌命名：七个命名规则 / 41
　　品牌箴言：表现品牌的精髓 / 45

品牌口号：传递品牌说服性信息的短语 / 47

品牌故事：唤起消费者的情感共鸣 / 50

品牌人格：有生命力的长寿品牌具有人格原型 / 53

第四章　品牌主视觉：对品牌形象进行系统性建设

品牌 VI：打造升级版"视觉识别系统" / 60

品牌 LOGO：品牌传播的助推剂 / 62

品牌海报：拉满品牌的高级感 / 66

品牌手册：符合品牌的调性 / 68

品牌包装：增强"货架效应" / 71

第五章　品牌新视野：设计营销方案与进行营销活动

品牌调研：打造优秀品牌的基本功 / 76

品牌塑造：优质产品是最好的传播媒介 / 86

品牌受众：种子用户的拉取方法 / 88

品牌导入：利用种子用户完成品牌冷启动 / 91

品牌 IP：借助联合营销扩大品牌影响力 / 93

品牌创意：充分运用"蔡格尼克效应" / 96

品牌激活：老品牌翻红的秘密 / 99

第六章　品牌放大器：靠精准引爆品牌

品牌推广：鱼在哪里，我们就应该在哪里 / 108

品牌传播：听懂比听到更重要 / 112

品牌引爆：广告回潮成趋势 / 116

品牌路径：知名—认知—美誉—忠诚 / 120

　　　　　品牌溢价：影响消费者脑海里的价格标签 / 123

　　　　　品牌变现：品牌带来的变现价值和资产效应 / 126

第七章　品牌关系谱：引发品牌的连锁效应

　　　　　品牌杠杆：实现品牌资产螺旋上升 / 130

　　　　　品牌延伸：一把影响发展的"双刃剑" / 134

　　　　　品牌联盟：形成合力迎战重量级对手 / 138

　　　　　品牌捆绑：成分品牌的典型表现 / 141

　　　　　品牌授权：日益普遍的类"租借"形式 / 143

第八章　品牌价值链：品牌在消费者心目中的位置

　　　　　品牌体验：消费者为什么选择我 / 148

　　　　　品牌识别：成为消费者心目中的首选 / 151

　　　　　品牌承诺：传递与消费者建立长久关系的渴望 / 154

　　　　　品牌判断：消费者对品牌的个人评估 / 156

　　　　　品牌感受：消费者在情感上对品牌的反应 / 159

　　　　　品牌认知：消费者对品牌的固有印象和感知 / 161

第九章　品牌利益点：对品牌资产进行全面评估

　　　　　品牌审计：审查品牌资产的来源 / 166

　　　　　品牌探索：了解消费者对于品牌的想法和感受 / 168

　　　　　品牌追踪：定期从消费者处收集信息 / 171

　　　　　品牌投射：诊断消费者真实想法的有效工具 / 173

　　　　　品牌功效：产品满足消费者功能性需求的程度 / 178

　　　　　品牌责任：企业社会责任的三个层面 / 180

第十章　品牌护城河：虹吸效应构筑强力品牌壁垒

品牌关联：抬高用户转换的代价 / 186

品牌流量：规模庞大的网络效应 / 188

品牌价值：从性价比打造"心价比" / 191

品牌沉淀：品牌的独特供给 / 194

品牌整合：数字化赋能品牌长红 / 196

第十一章　品牌恐惧症：打造强势品牌的六大误区

打造强势品牌需要很长时间 / 200

打造强势品牌需要很多花费 / 201

打造强势品牌就是为了出名 / 202

打造强势品牌就是投放广告 / 204

打造强势品牌只需质量为王 / 205

打造强势品牌只需营销推广 / 207

参考文献 / 209

第一章
品牌全景图：带你重新认识品牌

品牌是企业的软实力，是一种合力。这种合力的源头来自对品牌体系的全面打造，而非简单的品牌营销和推广。从品牌的理念和战略引申出品牌的管理、使命与文化，这是品牌全景图的第一幅图景。

品牌理念：企业的生存基础

　　品牌理念是品牌内在的精气神，看不见摸不着，又难以形容，却一直指导着品牌的成长发展，影响着品牌的"一言一行"。打造品牌红利，必须考虑品牌理念对企业的价值塑造。①

　　说到品牌理念，很容易让人和品牌精神、品牌定位、品牌思维、品牌文化等这些相似的词混淆。本部分就重点阐述品牌理念究竟是什么，以及它是如何影响企业并发挥作用的。

　　品牌精神是和品牌理念最接近的概念，表达不同，但可以等同对待，因此本书没有对品牌精神作单独阐述。

　　品牌定位则倾向于向外界展现或解释企业的内在与直接竞争对手有何不同，它不是一个单独的概念，而是系统化的体现。关于品牌定位，我们将在第二章详细阐述。

　　品牌思维指品牌的拥有者和操作者需要具备的品牌思维能力。品牌是经由具备品牌思维的操作者塑造出来的。可以说，品牌思维的好与坏、高与低、强与弱，是形成不同品牌生存状态的先决条件。

　　品牌文化是通过赋予品牌深刻而丰富的文化内涵，建立鲜明的品牌定位，并充分利用各种强有力的内外部传播途径，形成消费者对品牌在精神

---

　　① 参见《品牌理念，一个品牌生存的基础》，搜狐网，2020年6月3日。

上的高度认同，树立品牌信仰，最终形成强烈的品牌忠诚感。

品牌理念指能够吸引消费者，并建立品牌忠诚度，进而为消费者创造品牌（与市场）优势地位的观念。

以耐克为例，其品牌理念是创始人菲尔·奈特一直坚信的人生准则——"永不停息的个人奋斗"，这也是贯穿耐克发展的灵魂指南。菲尔·奈特曾说过："无论你喜欢与否，生活是一场比赛。懦夫从未启程，弱者死于途中，只剩下我们继续前行，一步都不能停。"

这段话是对耐克品牌理念的最好折射，突出耐克与其他运动品牌的不同。耐克是通过帮助专业运动员和普通人群获得更好的运动表现，体验运动激情的一个高端体育品牌。

消费者对耐克的品牌理念有多少理解呢？我们通过知乎上一篇关于"耐克是一家怎样的公司"的帖子，来感受一下耐克的忠实用户对其发自内心的喜爱和认同。为什么要选择忠实用户呢？因为只有忠实用户对于品牌的评价才有价值，毕竟任何品牌都不能满足所有受众，如果听取非受众的回答，那么任何品牌都没有存在的意义了。

其中的一个回答是这样写的：

"耐克的商业活动真正是用心在为喜欢篮球的人搭建平台，而且机会给到了很多像我一样的平凡人。感谢你给我的光荣，我要对你深深的鞠躬，因为付出的努力有人能懂。"

耐克的品牌使命感，促使他们即便是做商业的传播活动，也要保留个人英雄主义的奋进精神，这是耐克骨子里渗透出的"永不停息的个人奋斗"的精气神。正是这种精气神的传递，让用户主动向耐克靠拢。

品牌理念是企业创始人内在的精神火焰，品牌文化和品牌定位则是后天形成的一种表达和行为。品牌理念通过前期的留存运作，加上后期的塑造打磨，将逐渐得到社会的普遍认同，体现出企业的自身特征，反映了带有企业明确经营意识的价值体系。因此，品牌理念是企业使命、经营思想和行为准则三个部分的统一呈现。

（1）企业使命：企业依据什么样的使命开展经营活动，是品牌理念基本的出发点，也是企业行动的原动力。

（2）经营思想：指导企业经营活动的观念、态度和思维模式，直接影响企业对外的经营姿态和服务姿态。

（3）行为准则：企业员工在企业经营活动中所必须奉行的一系列行为准则和规则，是对员工的约束和要求。

品牌理念是企业统一化的识别标志，也表明企业的独特个性，即突出企业与竞争对手的差异性。要构建独特的品牌理念需要遵循以下五个原则：

契合原则：品牌理念必须与行业特征相吻合，与行业特有的文化相契合。

连贯原则：应充分挖掘企业原有的品牌理念，并赋予其时代特色和个性。

区分原则：品牌理念要能与竞争对手形成强化区别，体现企业独特的风格。

导向原则：品牌理念应是企业倡导的价值目标，可长期引导员工为之奋斗。

激励原则：品牌理念既是企业经营的宗旨和方针，也是员工行为的最高准则。

企业具有的品牌理念如何，短时间内看不出什么，但会在长期发展中形成越来越明显的差距。品牌理念越好的企业，累积的品牌资产也就越大。如果创始团队能在企业创立之初就提出强大的品牌理念，一定比后期再提出品牌理念的企业有更加稳固的发展基础和更加顺利的发展路径。而且，强有力的品牌理念可以保证企业不会因内外环境的剧烈变化而衰退，对于企业始终保持良性发展具有重要的战略意义。

品牌战略：定方向，树"三观"，立人设

品牌是企业的生命，是持久的战略。

企业的生存与发展靠产品支撑，而产品的生命力在于品牌力。品牌是企业拥有的无形资产，是企业竞争力、收益增长和可持续发展的核心要素。

可口可乐公司第二代掌门人罗伯特·武德拉夫曾说过，如果全球所有的可口可乐公司都在一夜之间消失，只要"可口可乐"这一品牌还在，我们第二天就可以东山再起。

现在，可口可乐是世界品牌价值很高的品牌之一，如同可口可乐饮料本身一样，可口可乐的LOGO也被视为世界上认知度最高的商标之一。罗伯特·武德拉夫敢夸下如此"海口"，足见品牌是一家企业在商战中立于不败之地的重要保证。

对于品牌价值对企业生存发展的影响，大多数中国企业家也很清楚，也很愿意在品牌打造上下功夫。尤其在产品严重同质化和信息爆炸的互联网时代，建立独特的品牌辨识体系是非常重要的事情，几乎所有企业家或

创业者都对此保持高度认同。但是，如何达成期望的效果，却很少有人认真思考过。于是，一些企业在进行品牌建设时，也只是简单地做战术层面的工作，如创意设计、广泛传播或明星代言。完全没有将品牌建设提升到企业经营的战略高度，明确品牌理念、使命、文化和定位，建立与之相符的、具有高辨识度的品牌身份，为品牌后续的执行落地设立目标、方向。

分众传媒创始人江南春提出一个观点：品牌战略应该是最高战略。

是否必须将品牌战略设为最高战略，并没有一致认同的观点，但放到战略层面思考品牌是得到企业界广泛认同的。只有建立正确的品牌战略，并与商业战略进行有效匹配，企业才能获得高质量的发展。

在商业战略与落地市场行为之间，就是品牌战略。品牌战略像一座无形的桥，既能帮助消费者理解企业，也能帮助企业与消费者进行有效沟通。

正确的品牌战略的作用如下：

（1）使品牌建设和管理具有稳定性，减少经营风险；

（2）使品牌自主、自如地迎接市场挑战，争取竞争主动权；

（3）使品牌的搭建体系化、规范化，能够在适应经营形式不断发展的过程中不断进化。

好的战略只有在出色的执行之后，才能被大众看到，才能获得大众认可。虽然这句话反映的事实没有错，但如果制定出的战略都需要通过最终结果来评判优劣，好的结果皆大欢喜，不好的结果所付出的成本和代价就未免太大了。但是，又没有能够确保制定出万无一失战略的方法。那么，我们要如何才能知道制定的品牌战略可行呢？我们给出的参考答案是：保证品牌战略和商业战略能在具体实施时保持高度的一致。检验的方式则是仔细看企业各个方面的行为是否保持一致。

小米创立至今，走的路线一直是"高性价比+艺术美学"的品牌路线，不仅小米的手机始终保持物美价廉，小米生态系统的其他产品也没有走高价路线。小米品牌战略的演绎充满辩证性，以互联网的感性方式演绎了技术理性的内涵，以产品多样性的高选择覆盖年轻用户多情感的高想象，以此作为小米品牌战略的整体组合。

为什么品牌战略要同商业战略保持一致呢？因为品牌战略和商业战略同等重要。商业战略是站在企业内部看发展，品牌战略是站在消费者角度——在企业外部看发展。只有内外部达成一致，企业才更容易取得成功。就像一个人从小立志要成为像鲁契亚诺·帕瓦罗蒂那样的男高音演唱家，如何达成目标是商业战略，如何让别人感知"自己是世界级男高音演唱家"则是品牌战略。

具体到品牌战略的制定与执行，可以概括为三个决策动作，即确定方向、树立"三观"和立定人设。做好这三个决策动作，品牌战略就基本能够被很好地制定出来品牌的长期规划和决策了。[1]

1. 确定方向

这是制定品牌战略的最关键动作。该动作做对了，接下来的品牌战略实施才能走在正确的道路上。通俗的解释就是方向对了，接下来的动作才能对；方向错了，方法再多也没用。

这个动作是企业针对细分市场设计品牌定位，用以指导之后所有的战术行为。在实际操作中，很多企业花费大量人力、物力、财力去建设品牌，效果却差强人意，一些企业甚至还出现了负效果，根本性原因不是输在创

---

[1] 参见《品牌战略：方向+三观+人设=品牌战略》，搜狐网，2023年6月26日。

意和传播上，而是在更早的定位阶段做错了，导致消费者认知模糊，无法聚焦对这个企业的认识。

2. 树立"三观"

品牌战略的本质是对企业经营价值观和品牌建设价值观的折射，什么样的价值观决定什么样的品牌战略定位。

企业经营价值观与品牌建设价值观通常与企业创始人/创始团队的性格特质和精神气质相符合，然后经过传承进化，逐渐演变为企业内部被集体认同的精神特征。常规情况下，一个信奉正义的创始人不会去设计不择手段的品牌建设路径，更不会设计出以牺牲他人利益为代价的企业发展模式。

个人的"三观"在被企业吸收后，就会形成企业的"三观"，即形成企业价值观和品牌价值观。树立正确的、良性的、可发展的企业"三观"与品牌"三观"，对于企业的长期发展和被消费者由衷地认可有非常重要的促进作用。

3. 立定人设

品牌战略的很大一部分工作是营销推广行为的落地，也就是在具体的品牌传播过程中，说什么内容、在哪里说和怎么说。这些都非常重要，其中影响品牌传播最关键的要素是"怎么说"。可以这样认为，说的方式代表了一个品牌的基本调性。

同样的内容，即便表达方式一样，但由不同个性的人说出来，仍然会带给他人不一样的感受。如果将品牌拟人化，得到的结果也是如此。品牌调性决定了传播风格的不同，而决定品牌调性的正是品牌的人设。

品牌管理：三个指标带你入门

品牌管理是针对企业产品及其服务的品牌，综合运用企业资源，通过计划、组织、实施、控制，实现企业品牌战略目标的经营管理过程。

如果你对这句话没能彻底理解，可以看看下面的案例：

某人在网上的某网红蛋糕店订了一个生日蛋糕，满心欢喜地和朋友品尝蛋糕后，大家的一致评价是味道一般。因为蛋糕并不好吃，导致生日过得也不是很开心，他很生气地在朋友圈、抖音、微博都吐槽了一番。两个多月后的一天，他无意间在网上看到一篇文章，说他订的这家网红蛋糕店的正品店全国只有30多家，而山寨的冒牌店全国却有几百家，他当即想到自己可能吃到了假货。

这家网红蛋糕店的冒牌店情况如此猖獗，就是没有做好品牌管理，甚至可以说品牌管理做得相当差。可以说，这家店只做好了前期的品牌建设，对于后期的品牌管理基本是一塌糊涂，导致其正品店的蛋糕口感和服务可能都很好，却无法成为如"好利来"和"味多美"这样的大品牌，更无法形成品牌效应，最终导致品牌资产严重流失。

品牌管理的概念，基本所有的企业经营者都听过，也知道很重要，但深挖为什么很重要，却又都说不出个所以然来。现在，我们就要好好探讨一下，为什么一定要注重品牌管理？是什么让企业必须要注重品牌管理呢？总结下来，原因在于以下四个变化：

（1）媒体的变化：互联网快速普及，新媒体日益发展，自媒体力量强大；

（2）消费者的变化：消费者更加挑剔，需求层次加速增加，消费习惯不断改变；

（3）市场环境的变化：产品同质化严重，可替代性强，品牌求异受到严重挑战；

（4）企业本身的变化：产品创新受到挑战，组织结构面临障碍，市场不稳定性增强。

由于上述四种明显的变化，在未来没有品牌的产品/服务是很难获得生存空间的，企业只有进行成功的品牌管理才有持续成长的可能。因此，企业经营过程中的品牌管理是一项必须重视且要做好的工作。

由品牌管理的定义可知，应将品牌管理视为一套流程工作，并根据品牌发展的不同阶段，制定相应的工作重点，在各个阶段辅以不同的侧重管理指标。通常情况下，品牌管理工作分为管理初期、管理中期和管理后期三个阶段（见图1-1）。

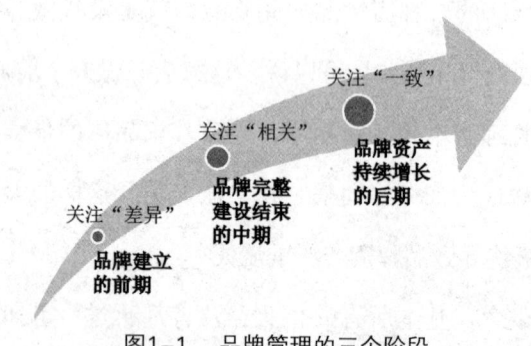

图1-1 品牌管理的三个阶段

阶段的划分是基于不同的品牌目标来进行的。如果企业目标是建立新品牌，包括品牌理念、品牌战略、品牌使命、品牌文化、品牌定位、品牌身份的打造和品牌形象的建设等，那么此时的品牌建设便是处于"品牌建立的前期"。如果企业目标是发展壮大现有品牌，包括品牌营销与推广、与消费者建立牢固关系、提升知名度与关联度等，那么此时的品牌就处于"品牌完整建设结束的中期"。如果企业目标是维护成熟的品牌，包括品牌资产的积累、品牌成长性的保持、品牌壁垒的构筑等，那么此时的品牌建设则处于"品牌资产持续增长的后期"。

有了明确的品牌管理的分阶段呈现，接下来便要关注各阶段对应的不同侧重指标，以帮助大家认清品牌管理中的红线。[①]

1. "差异"指标

在品牌建立之初，对应的品牌管理指标是"差异"，即通过确立品牌的差异性占领消费者心智。

洗发水是快消品类，消费者间隔一段时间就会购买一次，但消费者对于各品牌的洗发水都有自己中意的产品，有人想要去屑的，有人想要柔顺的，有人想要补水的……洗发水品牌也是各显其能，各自找自己的定位，因为定位不同才能杀出重围。所以，当企业处在品牌建立的前期，就应该找准品牌的差异化定位。

此外，一些常规的品牌管理操作，如品牌名称和商标的注册等琐碎的工作都要在这个阶段完成。完成的过程中和完成之后都需要进行妥善管理，如前面讲述的网红蛋糕店就是在品牌创立之初未能做好名字和商标的管理工作，导致其后出现一系列被山寨仿冒的情况。

[①] 参见《品牌管理：三个指标带你入门》，搜狐网，2023 年 7 月 4 日。

2."相关"指标

在品牌完整建设结束的中期，对应的品牌管理指标是"相关"，即确认所做的事情是否可以让消费者想到自己的品牌，制定的要求是否可以帮助消费者联系到自己的品牌。

Keep 是一款运动健身 App，那句"自律给我自由"已经成为所有运动健身爱好者的激励名言，将运动健身与自律完美结合在一起。人们只要一想到健身，就会关联到自律，也会同步相关到 Keep，这是其他同类 App 所没有的优势。[①]

3."一致"指标

在品牌资产持续增长的后期，对应的品牌管理指标是"一致"，即保证不同渠道之间内容的一致，也保证内容与品牌理念等原则性信息一致。

当品牌发展到一定程度，就会成为一个成熟的品牌，拥有自己的理念和定位。此时，品牌在任何渠道做营销推广，都要保证各渠道所输出的内容一致性，并且各渠道内容必须符合品牌理念。知识付费的头部品牌知乎，无论是网站本身，还是微信公众号、微博或其他渠道，都始终保持着高度的一致性，同时在内容上保持风格一致，符合"群居社会"互助本能下塑造"获得感"的品牌定位，也符合"有问题，上知乎"的传播重点。

如果在品牌管理的过程中，某件事与品牌之前传递给大众的印象不一致，那么就要果断处理，不能自己否定自己。

---

① 参见《看完 keep 的文案，我整个人燃了起来》，搜狐网，2017 年 12 月 6 日。

品牌使命：影响一个品牌能走多远

塑造一个品牌需要时间与耐心，需要梦想与理念作为持续的动力，国外知名品牌的塑造甚至花费了上百年的时间。但信息时代带来了生活的巨变，微软这个1975年才成立的公司，仅在10余年后便成为一个国际品牌。不仅因为微软是信息产品，抓住了信息时代人们的特别需求，也抓住了商业经营的基本规律，使自身与信息处于不断传播与被传播之中；还因为微软塑造了符合时代背景、符合科技发展趋势和符合企业成长路径的品牌使命和品牌愿景。

微软的品牌使命是致力于提供使人们的工作、学习、生活更加方便、丰富的个人电脑软件。

微软的品牌愿景是计算机进入家庭，放在每一张桌子上，每个人都使用微软的软件。①

所有成功的企业和品牌，无一例外都非常注重品牌使命和品牌愿景的打造。品牌有什么样的使命和愿景，想解决什么样的问题，想创造什么样的价值，影响着一个品牌最终能走多远。品牌使命、品牌愿景和品牌价值观，被称为"品牌文化铁三角"。

---

① 参见《刷新：重新发现商业与未来》节选：微软的使命、愿景和核心价值观，搜狐网，2019年8月15日。

可以将品牌使命、品牌愿景和品牌价值观，分别概括为找意义、寻目标和树要求。

品牌使命——找意义：本品牌的存在对社会有怎样的意义？想解决社会上存在的什么问题？

品牌愿景——寻目标：本品牌想成为一个什么样的品牌？做到一个什么样的程度？

品牌价值观——树要求：本品牌对自己内部的组织有什么样的要求？

在品牌使命、品牌愿景和品牌价值观中，使命最容易被忽视，但又最不应该被忽视。为什么很多品牌没有或者不重视使命呢？主要有以下三点原因。

（1）不知道什么是品牌使命。不知道什么是品牌使命，自然就不会去定位和制定自己的品牌使命。

（2）没有品牌使命。做企业、做品牌不是以解决消费者的问题和为消费者创造价值为出发点，纯粹只是想赚钱，就不会有什么品牌使命。

（3）有品牌使命但不重视。为品牌创立了品牌使命，找到了存在的意义，但在具体经营中将品牌使命搁置在一边，使其成为一句空话。

为什么会出现很多品牌没有或者不重视品牌使命的现象？这在很大程度上是因为企业经营者不知道品牌使命的作用以及没有去挖掘、放大它的作用。品牌使命的作用，从对内、对外两个方面都对企业经营发展有着很好的促进作用。

（1）对内的作用，主要指企业或组织内部，包括员工、合作伙伴等。企业内部如何调动员工的工作积极性是长期性难题。完善的晋升制度、丰厚的工作待遇都治标不治本，只有通过使命驱动，才是真正的标本兼治。因为，好的积极性一定是主动的，并不完全由外界的利益等因素驱动。品牌使命讲的是为社会创造价值，能给别人带来什么，承载的是品牌存在的意义。对于大部分人而言，内心深处是向往去做一些对社会有价值、有意义的事情的，关键就在于企业能不能将一件事情赋予相应的意义，将员工们内心深处的向往变成实际行动去践行。

（2）对外的作用，主要指品牌的目标受众。思考一个问题：品牌发送什么样的信息可以打动消费者并让消费者对品牌产生好感，由此提升购买的可能？显然，理性信息难以达到让消费者信服的目的，例如，向消费者宣传"专注行业15年，被40余个国家的供应商认可"，只能做到理性说服，不能让消费者产生感性信服。打动是一种由理性到感性的情绪转化，一定是用感性信息与消费者进行情感上的交流，获得消费者内心的好感和认可。品牌使命可以做到这一点，消费者能从品牌使命中读出企业为他们解决问题的态度和决心。

经过上述介绍，我们已经知道了品牌使命的作用，也很想为自己的品牌建立品牌使命。那么该如何着手呢？在此分享两个要点。

（1）找到消费者的痛点。痛点可以理解成消费者在期望满足消费需求时最重视的点。如果这个点没有解决，消费者的心里会产生"痛"的感觉。例如，消费者购买插座，要完成的任务是正常使用插座，那么使用的过程中最重视的一定不是插座的外观，而是安全问题。插座的品牌使命就必须和安全产生关联。例如，公牛插座的那句"保护电器、保护人"的广告语，就恰如其分地向消费者介绍了公牛插座的品牌使命，而公牛插座也以安全的品质占据了该细分行业的龙头位置。[①]

[①] 参见何支涛：《公牛这么牛的背后：占位、认知优势、品类、渠道及终端自媒体》，搜狐网，2019年2月28日。

（2）在痛点的基础上升华。有些品牌使命并不适合关联消费者的痛点，这时就需要做一定的升华，站在更高层次去看问题。例如，对于分众传媒的潜在受众群体而言，他们的痛点是什么呢？在分众传媒做广告的企业中，一部分是不具备品牌知名度，希望打造出品牌知名度的企业；另一部分是品牌升级了，需要再一次高频次地传递品牌信息的企业。无论是哪一部分企业，都需要曝光度。如果分众传媒只是为了解决品牌曝光的问题，那其自身的品牌使命就会和曝光相关联。但是，"分众的使命就是帮助中国企业从同质化到差异化，从价格战到价值战，从中国制造到中国品牌，成为推动中国品牌的第一力量"[①]。显然，分众传煤的使命达到很大的升华，看到了品牌更深层次的问题。

想要建立品牌使命，品牌就需要不断地问自己两个问题：品牌想解决消费者的什么问题？品牌想为消费者创造什么样的价值？所谓的有意义，一定是解决消费者的问题，为社会、为消费者创造价值。

建立品牌使命只是一句话的事，践行品牌使命却需要长期坚持。毕竟消费者单从一句话中能感知到的信息是有限的，品牌必须不断地为这句话加注，做出一些实实在在的努力。

---

① 参见《江南春新蓝图:500城500万终端每天影响5亿新中产,打造线下流量核心入口》,知乎网,2018年3月17日。

品牌文化：给品牌注入灵魂

对现代企业而言，产品是皮肉，品牌是筋骨。当前的市场竞争已由价格、质量层次和规模层次的竞争，发展到品牌层次的竞争。拥有什么级别的品牌，就拥有什么级别的市场，品牌是企业在激烈竞争中维持生存发展和提高经营效益的关键因素。

美国广告专家莱瑞·赖特有句名言："未来的营销是品牌的战争，以品牌互争长短的竞争，拥有市场比拥有工厂重要得多，而拥有市场的唯一途径便是拥有占市场主导地位的品牌。"[1]

管理大师彼德·德鲁克说得更绝对："21世纪的组织只有依靠品牌竞争了，因为除此之外它们一无所有。"[2]

两位大师说的都是同一个道理：品牌是企业决胜竞争的关键因素，品牌竞争的时代已经来临。因此，实施品牌战略、塑造强势品牌是各行业、各企业的首要任务。

品牌竞争之下，建立以品牌为核心的综合竞争力是企业的当务之急，这就是品牌文化产生的原因。当产品以品牌为后盾在前方奋勇厮杀时，就是考验品牌文化的时候。强有力的品牌文化如同为品牌注入灵魂，品牌等

---

[1] 参见《产品是核心，品牌是灵魂》，搜狐网，2021年3月19日。
[2] 参见《产品是核心，品牌是灵魂》，搜狐网，2021年3月19日。

于带着智慧和灵性参与竞争，面对那些"行尸走肉"般的竞争对手，取胜自然不在话下。

究竟什么是品牌文化呢？① 有"品牌资产的鼻祖"之称的戴维·阿克的定义是品牌文化通过赋予品牌深刻而丰富的文化内涵，建立鲜明的品牌定位，并充分利用各种强有效的内外部传播途径，形成消费者对品牌在精神上的高度认同，创造品牌信仰，最终形成强烈的品牌忠诚度。②

例如，宾利、劳斯莱斯、迈巴赫等顶级轿车品牌，已经超越了汽车本身的含义，实际已成为身份和地位的象征。

优秀的品牌文化为品牌赋予了生命力和扩张能力，也让品牌在市场上拥有更强大的竞争力和召唤力，同时会形成强烈的品牌忠诚度。

品牌定位决定了品牌文化，就像盖楼房一样，要先知道盖什么样的楼房能满足需求。"什么样的楼房"就是品牌定位，需要结合市场现状和自身实力完成。定位一般分三个基础方向：一是最基础的产品定位，二是明确的受众定位，三是企业发展的调性定位。

在清楚了品牌定位决定品牌文化后，可以从物质层面、精神层面和行为层面分三步构建品牌文化。

1. 品牌物质文化

品牌物质文化是品牌的表层文化，由产品和品牌的各种物质表现方式等构成。根据品牌物质的构成要素，可以将品牌物质文化分为产品特质和符号集成两个方面。

（1）产品特质：包括产品功能和品质特征，品牌或产品拥有某种功能

---

① 参见《不会做品牌文化的品牌经理不是好营销选手》，人人都是产品经理网，2021年7月7日。

② 参见《什么是品牌文化，如何构建品牌文化》，品牌网，2017年11月30日。

可以解决消费者的需求，让消费者离不开该品牌或该产品。

（2）符号集成：消费者接触品牌时的五感，包括视觉部分（品牌名称、标识、LOGO、产品形状、颜色、字体等）、听觉部分（音量、音调、节拍等）、触觉部分（材料、质地等）、嗅觉部分（味道、气味等）、触觉部分（温度、湿度、疼痛等）。

2. 品牌精神文化

做好品牌物质层面工作，能保证让消费者记住。但是，要想打造一个强品牌文化，让消费者长期选择，还需要植入品牌精神文化元素。

品牌精神文化指品牌在市场营销中形成的意识形态和文化观念。品牌精神是消费者对品牌的认同以及无形的推动，是生长于品牌文化中的。例如，苹果品牌文化代表了一种永远保持创新、极客文化的品牌文化；范斯极限运动潮牌体现的则是一种街头潮人的精神。

3. 品牌行为文化

品牌行为文化是品牌营销活动中的动态文化表现，包括营销行为、传播行为和个人行为。在品牌中植入某种精神元素后，还应在品牌的传播过程中持续宣传品牌文化，形成品牌的强烈个性。

江小白确定"简单、年轻人设计的白酒"的品牌精神文化后，通过嘻哈、音乐节、约酒、微博、涂鸦等营销活动，持续用具体行为强化品牌文化。时间一久，品牌文化自然就印在消费者的脑海中。品牌文化形成了，江小白也就成功了。[1]

---

[1] 参见《江小白轻口化白酒，年轻人的白酒选择》，搜狐网，2019年12月6日。

第二章
品牌新赛道：找准属于品牌的定位

　　品牌定位靠什么？错综复杂的定位信息常常迷惑着一些企业的经营者，使得他们很多时候仅仅凭借一些表象信息或头脑一热就制定出品牌定位策略。

　　但真正的品牌定位必须明确表达能满足消费者的何种需求，否则品牌就成了"无源之水，无本之木"。品牌应与产品属性相兼容，即品牌定位必须与产品有相关性，产品的特点能对品牌定位提供支持点，否则品牌定位便会成为空中楼阁，难以立足。

品牌基因：品牌创立的初衷

1983 年，史蒂夫·乔布斯对时任百事可乐公司总裁的约翰·斯卡利说了这样一句话：你想继续卖一辈子糖水，还是跟我一起改变世界？于是约翰·斯卡利毅然来到了苹果公司并担任了公司的 CEO。史蒂夫·乔布斯给苹果的品牌注入了基因，即品牌创立的初衷——不是卖计算机、卖手机，而是改变世界。①

想一想，如果百事可乐的创始人和约翰·斯卡利说"我们卖的不是糖水，而是在传递快乐"，或许他就不会走了吧。最重要的是，品牌拥有了自己的基因，不仅等于找到了品牌存在的意义，还等于确定了品牌无限扩张的方向。

品牌基因即 Brand DNA，包括品牌核心价值和品牌个性，具有不同的品牌基因是品牌之间形成差异化的根本原因。品牌基因让消费者明确、清晰地记住并识别品牌的利益点与个性，是驱动消费者认同、喜欢乃至爱上一个品牌的主要力量。②

定义品牌核心价值需要考虑行业特性、产品功能和企业实际，体现满足目标受众群体深层次的心理与价值的需求。品牌核心价值应具有以下特点：

（1）产品特殊的功能价值——与同类产品比带给消费者不同的感受和

---

① 参见《乔布斯：你是想卖一辈子糖水，还是跟着我们改变世界？》，搜狐网，2022 年 8 月 25 日。

② 参见《品牌基因是品牌成长的关键》，搜狐网，2015 年 10 月 16 日。

附加价值；

（2）产品独特的享受价值——给消费者带来的心理享受不仅是价格和品质，还包括尊重；

（3）产品持久的服务价值——使消费者信任所选品牌不是短期行为，而是持久保值；

（4）产品技术的创新价值——产品随技术进步不断延伸至新领域，展现品牌的生命力。

品牌的核心价值是消费者认可与选择的价值基础之一。品牌核心价值不是静止不变的，而是动态的。海信的品牌核心价值最初为"海纳百川，信诚无限"，后来变为"创新科技、立信百年"，再后来变为"创新就是生活"，最后更变为"做新的，做好的"，从一种泛化语言变为大众化语言。[①]

品牌个性是消费者对品牌理解的概括，既可以展现产品的价值，也可以展现消费者本身的需求价值。

品牌个性是消费者认可与选择品牌的另一个价值基础。消费者选择品牌必须源自内心的呼唤，好品牌是消费者心灵与企业创意的契合，与目标消费者产生共鸣。只有准确地表达出消费者心声的品牌定位，才能动心、动情、动人。只有进入消费者的心灵，让消费者联想起一些美好的愿望，打造品牌个性才有好的效果。

成功地将品牌基因渗透在不同的产品场景中，能让用户一眼就看出这是你的产品。强势品牌基因的特点有以下三个。

1. 差异性与品质性

品牌拥有区别或领先于其他竞争对手的独特基因，是形成并实现企业

[①] 参见《贾少谦：全面解读海信新版愿景使命价值观》，搜狐网，2020年1月15日。

可持续增长的动力源泉。品牌基因进化的结果：(1)产品或服务进化为与同行竞争者不同的外在东西；(2)通过对品牌进行的一个独创性的理念设计，神化了所拥有产品或服务的功用。

服装行业的慕诗国际集团以前主要以出口为主。它开始做品牌时，选择的是高端路线。去欧洲进口布料，聘请专人设计款式，用高品质的产品来做市场的领导者。慕诗提出：在市场里面，品牌一定要有自己的特色，不要放弃，而且要更加好。争取做市场的领导者，不要跟随，否则很容易失去特色。因此，慕诗不断地进行产品创新和积累品牌优势基因，在消费者心目中逐渐建立起我国香港服装行业领导者的地位。

2. 稳定与突变兼容

强势品牌在兼容性上体现在两个方面：(1)空间上稳定与突变的兼容——强势的品牌基因表现在企业的所有产品上，并为企业日后跨行业发展留下充足的空间；(2)时间上稳定与突变的兼容——强势的品牌基因一经设定，保持形变而神不变，使品牌内涵在创新中传承。

曾经辉煌的柯达公司一定有过漂亮的品牌打造经历，创始人乔治·伊士曼第一次接触到照相机时就忍不住想：照相机能不能做得小一些呢？1886年，小型、轻便、"人人都会用"的照相机诞生了，伊士曼为它起了一个字母不多但读着响亮的名字——Kodak（柯达）。1888年，柯达打出第一条广告，画面上一只手举着一架柯达相机，旁边是伊士曼自己写的自信而自豪的承诺："你压下按钮，其余由我负责。""简单"就是柯达品牌自诞生之日起所具备的品牌基因，"人人都会用"贯穿了柯达的整个经营过程。[1]

---

[1] 参见《柯达发明了全球第一台数码相机，为什么拒绝发展？当时看来很明智》，翰林编修馆，2020年7月30日。

3. 社会责任感

多数企业对品牌建设还停留在知名度这个层面，未能进入美誉度与忠诚度的层面，主要原因就是缺少社会责任这一优势品牌基因，因为品牌只要肩负起应有的社会责任，打出名声，就是名牌了。真正优质的、被大众认可的品牌，必须能够改变人类的物质生活和精神生活，成为社会公众或消费者不可或缺的一部分。这就要求企业在拓展业务与赚取利润的同时，必须具备更值得追求的社会义务方面的目标。

被全球顶级企业热情追逐的CSR（企业社会责任），就是通过品牌背后富含社会责任的企业环境，赢得消费者乃至社会公众对品牌更广泛认同的。这已成为企业的一种深层次、高水平的竞争选择。

全球第二大金融集团汇丰银行启动"碳排放管理计划"，号召全球近80个国家的网点一起节能，具体措施从四个方面着手，包括关怀社区、以人为本、重视环保、诚信之道。汇丰银行的社会责任感使其在金融界赢得了更多的认可，社会责任的长远观念成为企业打造品牌更深层次的生命力之源。[1]

如果把一个品牌的成长分成0—1和1—∞两个阶段，前一阶段是为了活下去，后一阶段则是为了活得更好。正确的观念、正确的做法，是把品牌基因贯穿于品牌的整个成长过程，指导品牌不断发展。"卖计算机、卖手机"和"改变世界"，有着完全不一样的未来，对于个人而言也是如此。能创造什么价值，影响现在的收益和成就；想创造什么价值，影响未来的收益和成就。一个人能解决什么问题，想创造什么价值，值得每个人深思并用一生来回答。

---

[1] 参见《汇丰银行在中国开展节能减排投融资业务》，搜狐网，2021年3月8日。

品牌差异：20%的变因操纵着80%的局面

1906年意大利经济学家维尔弗雷多·帕累托提出著名的关于社会财富分配的研究结论：20%的人掌握了80%的社会财富。这个结论对大多数国家的社会财富分配情况都成立。这就是著名的"帕累托法则"，也叫"二八法则"。[1]

罗马尼亚管理学家约瑟夫·朱兰在管理学中采纳了该法则，认为在任何情况下事物的主要结果只取决于一小部分因素，大部分因素对结果的控制作用都很小。这个法则经常被用到不同领域，经过大量的事实检验后，被证明在大部分情况下都是正确的，所以该法则对于开展管理活动非常有帮助。[2]

"二八法则"告诉企业经营者，必须找出能给企业带来80%利润的关键因素，才能抓住企业生存与发展的关键。

影响企业生存与发展的因素有很多，有些因素非常重要，有些因素则并不重要，针对重要因素打造产品的差异化，品牌定位才能真正显示出价值。

脑白金诞生时是非常弱小的，没有多少经费可以用做广告，如果找不

---

[1] 参见《帕累托：一个以创造概念、命题而著称的思想家》，新浪网，2019年11月28日。
[2] 参见《帕累托法则 Pareto Principle》，广东外语外贸大学网站，2021年10月29日。

出品牌差异，而是盲目跟风做广告，即便将所有的钱汇聚起来砸入广告市场，又能在受众心中留下多少印象呢？当时国内保健品市场的竞争已经非常激烈了，如三株、巨人、红桃 K 等知名品牌已瓜分保健品市场的绝大部分份额，脑白金如果硬往里挤，即便能活着，也只能非常勉强地吃"残羹剩饭"。在市场份额所剩无几、自身又实力不足的情况下，要搏出一条生路，品牌必须走一条其他品牌从未走过的路。

脑白金的广告语是"今年过节不收礼，收礼只收脑白金"，这给了消费者一个与众不同的保健品消费场景。之前所有保健品品牌的宣传都围绕着保养身体展开，消费者对于各种保健品的功能已经不愿意再对比了，保健品都差不多，真正的难点在于购买保健品送人，消费者的内心一定希望送礼的钱不能白花，接收自己礼物的一方要能领情。脑白金摸准了消费者的这一心理，选择针对消费者的购买决策进行宣传，当人们想给长辈买礼物又不知道买什么的时候，就会想到脑白金。脑白金巧妙地通过"送礼"这一场景赋予了保健品新的功能。[1]

独特的销售主张就是常说的卖点，美国达彼思广告公司董事长罗瑟·瑞夫斯认为，一个卖点必须具备以下三个突出特征。[2]

（1）卖点不是由企业来强调，而是通过强调产品的效用让消费者自己意识到。脑白金通过向消费者反复强调"送礼"这个功能，解决了消费者不知该送什么礼物给长辈的痛点，并在实际操作中将痛点转化为卖点。

（2）卖点必须是竞争对手还没有提出或根本无法提出的。"送礼"这一卖点在保健品领域中是由脑白金第一个提出来的，并且很快便通过琅琅

---

[1] 参见《脑白金还是高手，五月天阿信的一句话也不放过》，数英网，2023 年 7 月 26 日。
[2] 参见《当你的产品卖不动时，可以这样打造独特卖点》，搜狐网，2017 年 6 月 30 日。

上口的广告语深入人心。一种营销创意已经被竞争对手抢先后，再去跟风只是东施效颦，很难得到消费者的认同，因为消费者永远只对"第一"和"唯一"的事物感兴趣。

（3）卖点必须具有强大的销售力，能促使消费者快速采取行动。"收礼只收脑白金"强化了收礼方对产品的认知，即让他们形成一种年轻人给长辈送礼就该送脑白金的印象，促使年轻人在挑选礼品时主动选择脑白金。

药品市场的竞争始终非常激烈，想在"红海"里杀出一条血路，就只能通过"找不同"来进行。一款名为"白加黑"的感冒药将药片分为白色和黑色，将一些促进睡眠的成分加入黑色药片中，让患者晚上服用，广告语更加直白——"白天服白片，不瞌睡；晚上服黑片，睡得香"。在这种独特卖点的支撑下，"白加黑"上市半年就实现了1.6亿元的销售额，稳居行业第二。[①]

经营者若希望自己的产品能更快得到消费者的认可，就要及时给消费者一个购买产品的理由。打造独特的卖点，既能提升产品销量，又能帮助品牌在竞争中脱颖而出。

品牌背书：宣传的作用是建立品牌[②]

假如你是卖手机电池的，需要开发B端客户，由于是新创公司，知

[①] 参见《白天吃白片不瞌睡，晚上吃黑片睡得香，白加黑上市半年就突破了1.6亿元的销售》，搜狐网，2020年6月2日。

[②] 参见《科普来啦！什么是品牌背书？》，搜狐网，2023年1月11日。

名度不高，不管怎么介绍产品和做保证，客户就是不埋单。如果此时埃隆·马斯克突然出现了，帮你说了一句："我们要是做手机，绝对用他家的电池。"之后你的电池还愁卖吗？一定会被抢爆的。

马斯克简单的一句话，就能让一个品牌或一款产品从无人问津到瞬间售罄，这句话隐含的真实内容就是品牌背书。

品牌背书其实很好理解，就是提升品牌或产品的价值，进而提升产品成交率。品牌营销推广有两块：一块是效果广告，为了获客；另一块是品牌广告，不会带来客户，但是可为品牌背书。品牌背书属于品牌广告的范畴，没有品牌背书，广告的效果就会大打折扣；有了品牌背书，成交转化率才会升高。做哪些工作才是真正为品牌背书呢？前提是要知道哪些事物能够为品牌背书。大概包括：获得荣誉、用户见证、头部案例、明星代言、专家推荐、杜撰故事等。下面逐一进行介绍。

（1）获得荣誉：不管企业处在 B 端还是 C 端，有拿得出手的荣誉千万不要藏起来。例如，茅台酒一直宣传巴拿马金奖，燕窝一直在向外界宣告"行业标准是以我们的产品为准设计出来的"。

（2）用户见证：如果自己说自己的产品好，即便产品真的好，用户也会认为是在"王婆卖瓜，自卖自夸"。一定要让其他用户说产品好（可以是用户主动说，也可以发动用户帮忙说），这样才能真正起作用。

（3）头部案例：每个企业都会有很多关于品牌产品的使用案例，不需要都罗列出来，只需要将那些影响性大的案例列出，提升消费者对品牌的信任，即可起到品牌背书的作用。

（4）明星代言：找对了人，事半功倍；找错了人，事倍功半。这是血淋淋的教训得出的经验，明星不在于名气大或颜值高，关键在于与品牌的理念、文化、定位、形象是否契合。例如，网游公司从不找流量明星。这些明星人气虽然高，但没效果，但是"渣渣辉"和"姑天落"的导量效果巨棒。

（5）专家推荐：请专家帮助背书是要借助其专业领域的权威性。虽然现在一些"假专家"横行，导致"真专家"也被当成"砖家"。但专家毕竟是专家，只要找对了，效果还是有的。

（6）杜撰故事：品牌需要对外讲故事，并非一定是真实的故事，有时为了宣传效果需要杜撰一些故事，以制造话题性。例如，瑞幸一诞生就追着星巴克，就是想让大家知道，瑞幸和星巴克是平级的，间接用一线品牌为自己做了品牌背书。

为品牌背书不是短时间就能看到效果的，如果平时不注意，即使积累出了效果，也不知道品牌背书究竟为品牌发展贡献了多少力量。因此，品牌背书要跟用户成交绑定在一起，看企业的业绩成交率是不是有上升，此外还需要进行用户回访，评估出品牌背书在产品销售中所起的作用究竟有多大。

2000年，《金融时报》与《商业报导》联合将"本世纪最佳标志"的称谓授予米其林轮胎先生。在2009年的一个全球性的广告活动中，从被动"背书"变成更加主动的"背书"，"Bibendum"被视为英雄的形象——这也是自2001年以来米其林广告唯一的焦点。米其林新的广告口号是"选对轮胎，改变一切"，强调了轮胎在人们生活中的重要地位。[1]

一个企业从注册的第一天起，就要开始想品牌背书的事，无论是创始人/创始团队包装，还是产品卖点宣传等，都要行动起来，品牌背书宜早不宜迟。

---

[1] 参见《米其林轮胎先生要时尚"出道"了？》，搜狐网，2020年4月21日。

品牌范围：品牌在产品类别和市场上的跨度

品牌范围是品牌在产品类别和市场上的跨度，反映品牌在产品根类别、子类别和市场上的跨度。主品牌的范围设定非常重要。如果一个主品牌与某个产品类别相联系，对这个品牌进行跨产品类别延伸将冲淡品牌形象，损坏品牌价值。

将品牌范围整合起来看，就相当于以一个或若干个主品牌为核心，通过品牌延伸形成的一系列品牌组合。

戴维·阿克在其所著的《品牌组合战略》[①]中这样定义品牌组合：品牌组合包括一个组织管理的所有品牌，包括主品牌、子品牌、联合品牌、担保品牌、品牌化的区分者、品牌化的提升者以及公司品牌，还包括处在公司外部、与公司内部品牌有联系的且这种联系得到有效管理的品牌，如品牌化的赞助活动、符号、名人形象代表以及与品牌有联系的国家或地区。

品牌组合战略的目标就是通过品牌延伸来充分利用品牌资产，而价值联想转移的程度决定了一个品牌的范围。

品牌范围在品牌创建的过程中起到指导的作用，因此必须充分了解品牌范围与资产价值之间的关系。

---

① ［美］戴维·阿克（David A. Aaker）：《品牌组合战略》，周晓萱译，机械工业出版社2020年版。

1. 品牌范围与资产价值

GE（通用电气）品牌不仅横跨仪器设备、飞机引擎和金融服务等多个产品大类，仅仪器设备这个类别就包括了消费者市场和专业市场等细分市场。[①]

品牌范围一定离不开品牌延伸。品牌延伸能够扩大品牌的范围，但是有延伸，就会存在收缩，因此，品牌范围还需要在品牌整合时处理品牌收缩的问题。

每个组合品牌都有它们范围的跨度（当然真正值得关注的还是具有自主驱动力的品牌），无论是已经跨越产品类别和细分市场的品牌，还是尚未跨越产品类别和细分市场但有这样潜力的品牌，基本问题都是究竟应将品牌范围扩展到什么程度。

2. 市场跨度决定资产价值

品牌范围的跨度是有幅度的，有些品牌跨越的幅度大，有些品牌跨越的幅度小。这种跨越幅度可能是主动造成的，也可能是被动形成的。

如果品牌跨越的幅度过于狭窄，品牌就会因为缺少对一些环境的了解而在本该适宜的环境中缺席，资产价值就无法得到充分利用，因而丧失掉创造更有影响、更强有力的品牌机会，此时就需要通过增加品牌跨越的幅度去推动更强力、更高效的品牌建设。

如果品牌跨越的幅度过宽，品牌就可能会丧失其差别化优势、可信度以及相关性，进而削弱甚至伤害到品牌的价值，此时就需要通过减少品牌跨越的幅度来实现品牌核心价值的聚焦。

[①] 参见《通用电气：全球最伟大的公司之一，有60亿人都曾受益于它》，腾讯网，2022年4月9日。

不同的品牌和产品，触动消费者的核心需求是不同的。一个品牌必须有自己的特点，以此来区别于竞争对手。对于品牌延伸而形成的品牌范围，应该是互补性的有机结合，以创造有差异性的品牌与产品间的强强联合。

品牌升华：多久进行一次重新定位

本章前面介绍的品牌定位的原则和方法，主要用于新品牌的推出。但品牌定位不是一次成形便可终身受益的，它会随着时代的变迁、市场形势的变化、企业经营理念的转变和产品的改进而适时进行调整，于是就衍生出一个重要问题：品牌多久进行一次重新定位？具体的重新定位时限，因为品牌所在行业和领域的不同，企业经营时期和经营模式的不同而有不同的设定。但基本原则是：不宜太过频繁地对品牌定位做本质上的改变，也不能长期不对品牌定位做适时的调整，只有在现有共同点和差异点的有效性受到显著影响时，才能进行重新定位。[1]

品牌共同点（Points Of Parity Associations，POP），指那些不一定为品牌所独有而实际上可能与其他品牌共享的特点。品牌共同点联想，一般分为基于品类的共同点联想、基于竞争性的共同点联想和基于相关性的共同点联想。[2]

差异点（Points Of Difference，POD），指产品品牌与消费者相关联的属

---

[1] 参见廖莉莉：《劈开脑海，补充记忆，品牌升华——HBSN杂志（IF：3.911）编辑部的故事丨连载07》，搜狐网，2019年12月22日。

[2] 参见《共同点联想（POINTS-OF-PARITY POPS）》，豆丁网，2012年10月29日。

性和利益，消费者对这些属性和利益具有积极、正面的评价，并且相信竞争品牌无法达到相同的程度。品牌的差异点可以从功能、与性能相关或者从其他抽象的品牌形象的角度进行大致分类。①

共同点或者差异点应该根据情况进行改善、增加或放弃。新的市场机遇出现的时候，需要拓宽品牌；新的市场威胁出现的时候，应重新定位应对威胁的行动。

从消费者关注的价值角度建立差异点来主导市场，对于品牌初始定位非常适用，但当目标市场基本了解此品牌和其他竞争品牌的关系后，就必须加深研究消费者在某一品类的深层动机。就像马斯洛需求理论所阐述的一样，当低层次的需求得到满足后，高层次的需求就变得更加凸显。

品牌重新定位要求企业能够从"属性—利益—价值"的结构链中理解更高层次的品牌含义。这条架构链的详细解释是：

（1）属性——产品或服务特征的描述；

（2）利益——个人价值及附属于产品或服务特征的意义；

（3）价值——稳定的、持久的个人（消费者）目标和动机。

消费者选择某种产品，此产品首先具有某种属性（A），这种属性能带来某种利益以及效果（B/C），能满足消费者的价值需要（V）。例如，某消费者认为某种玉米片口感很好（A），但是热量很高（A），这就意味着他应该少吃一点（B/C），才不会因此变胖（B/C），而拥有好身材（B/C），才有助于他增强自信心（V）。

因此，品牌升华是一次从属性到利益再到价值和动机的过程。升华就

---

① 参见［美］凯文·莱恩·凯勒（kevin Lane keller）：《战略品牌管理》，吴水龙、何云译，中国人民大学出版社2014年版。

是要不停地追问产品或服务的属性对消费者有什么好处，产品的某些属性或者利益可能比其他产品更加易于得到升华。贝蒂·克罗克品牌在许多烘烤产品中出现，就与烘烤炉具有着自然的联系或者与更宽泛的烘烤相关产品中得到关联。有些强势品牌通过升华它们的差异点来建立利益和价值联想。例如，沃尔沃和米其林（安全与安静）、宝马（时尚与驾驶性能）、英特尔（性能与兼容性）、迪士尼（有趣与神奇）、可口可乐（美式风格与清爽）。

以下几个建议对于指导品牌重新定位有极大益处。

（1）既着眼于当下，又考虑到未来。品牌需要空间成长和完善，仅以当下市场重新定位，必将缺乏前瞻性；但又不能脱离当下实际情况做出不具有实际意义的定位，必须在品牌现状与未来潜力之间获得恰到好处的平衡。

（2）对识别所有相关共同点保持谨慎。对于品牌而言，共同点和差异点都非常重要，因为没有共同点就没有差异点，反之亦然。发现竞争品牌共同点的最好办法是列出竞争者的定位，推断其可能的差异点；反之，竞争对手的差异点也能成为自己品牌的共同点。

（3）基于消费者视角反映消费者从品牌中所获得的利益。有效的差异点必须清楚阐述为什么能吸引消费者，也就是消费者究竟能从独特的属性中获得什么利益？

第三章
品牌符号化：品牌最核心的记忆资产

　　著名品牌都是消费者耳熟能详的。它们基本成为所在领域的代表符号，占领了消费者的心智。因此，品牌符号化不仅决定了品牌给消费者留下的印象，也影响消费者在社交过程中对自我形象的定位以及社会对于消费者的评价。此外，品牌符号化也有其传播学属性和社会学属性。

品牌元素：六项选择标准

品牌元素指那些用以识别和区分品牌的标志设计。主要的品牌元素包括品牌名称、品牌箴言、品牌口号、品牌故事、海报、手册、包装等。因此，虽然笔者在本章介绍品牌元素，但下一章所讲的内容其实也在品牌元素之列。

基于消费者需求的品牌整体设计，应该对品牌元素进行选择，以形成强有力的、偏好性的、独特的品牌联想。

总体而言，选择品牌元素有六条标准，概括为"三有三可"，即有意义性、有吸引性、有记忆性、可适应性、可转换性、可保护性（见图3-1）。

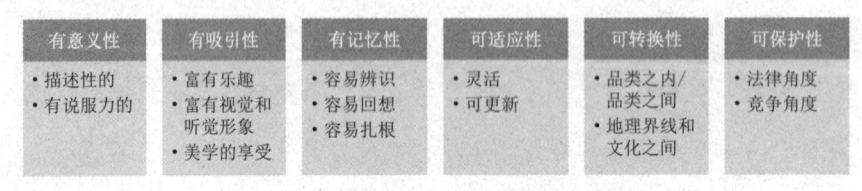

有意义性	有吸引性	有记忆性	可适应性	可转换性	可保护性
·描述性的 ·有说服力的	·富有乐趣 ·富有视觉和听觉形象 ·美学的享受	·容易辨识 ·容易回想 ·容易扎根	·灵活 ·可更新	·品类之内/品类之间 ·地理界线和文化之间	·法律角度 ·竞争角度

图3-1 品牌元素选择标准的详细内容

其中，"三有"的有意义性、有吸引性、有记忆性，是创建品牌资产的进攻性战略；"三可"的可适应性、可转换性、可保护性，是保持和提升品牌资产在面临不同机遇和限制时的防御性战略。

1. 有意义性

品牌元素涵盖描述性和说服性两种意义。衡量这两种意义的好坏有以下两个重要标准。

（1）关于产品/服务功能的一般信息。从描述性意义的角度讲，品牌元素在多大程度上反映了品类、需求或利益的一些信息；消费者在多大程度上能够根据某一品牌元素正确分辨相关的品类；品牌元素在品类中是否可信。

（2）与品牌属性相关的品牌利益的具体信息。从说服力意义的角度讲，品牌元素在多大程度上显示了该品牌可能是某类产品的信息（如品牌主要的差异点属性或利益）；品牌属性是否传递了产品功能或消费者种类的某些信息。

2. 有吸引性

品牌元素的可吸引性，指品牌元素是否具有美学上的吸引力，是否具备视觉、听觉或其他方面的吸引力，是否在脱离产品后仍能保持丰富、有趣的品牌形象。也就是说，除具体产品或服务外，消费者能在多大程度上被品牌元素所吸引。

一个富有意义、有吸引力，同时又易于记忆的品牌，一定具有更大的竞争优势，因为消费者在做出购买决策时通常并不知道太多与品牌相关的信息，而具有描述性和说服力的品牌元素则能够帮助品牌建立起与消费者的沟通渠道。

3. 有记忆性

创建品牌并将单纯品牌升级为品牌资产的必要条件就是具有高度的品牌辨识。因为品牌元素本身具有可记忆性和引发注意的特征，有助于品牌拥有高辨识度，因此在消费者购买场景中容易被消费者识别或回忆起来。并且，因为数次被识别和被回忆起来，使得品牌能够在消费者大脑中强化记忆。

一个叫"蓝色犀牛"的丙烷气罐，因为其独特的品牌名称和"黄色火焰+蓝色吉祥符"的图案，很容易在消费者心中留下深刻印象。这种从多项品牌元素中制造记忆点，并形成相互辅助的记忆元素，非常有利于品牌在短时间内占领消费者心智，逐渐由被记忆品牌转为常规选择品牌。

4. 可适应性

由于消费者的需求、理念和价值观的变化，或者仅仅是要跟上潮流的需要，大多数品牌元素必须更新。品牌元素越具有适应性，更新就越容易完成。例如，可以对品牌标识和广告形象做一次新的设计，使它们看上去更具有现代感，并与消费者的相关性更大。

米其林在庆祝其创立100周年时，发布了知名的"米其林轮胎先生"的新苗条版本。多年来，米其林就是通过这个"代言人"对品牌的研究价值、安全性能和环保主义进行宣传推广的。[1]

5. 可转换性

可转换性指品牌元素在新旧产品上的切换能力，当旗下品牌生产出其他产品时，原有的品牌元素能在多大程度上为新产品助力，为新市场增加品牌资产。这主要表现在以下两个方面。

（1）品牌元素对产品线延伸和品类延伸能起到多大作用。品牌名称越宽泛，越容易进行品类间的转换。例如，Amazon（亚马逊）的本义是南美洲的一条河流，所以用它做品牌可以应用于许多产品大类。

（2）品牌元素能够在多大程度上增加区域间和细分市场间的品牌资产，

---

[1] 参见《米其林LOGO：从胖子备胎形象，到小鲜肉的颠覆，竟花了100年时间》，搜狐网，2017年7月7日。

在很大程度上取决于品牌元素的文化内涵及语义结果。例如，不具有内在含义的合成词名称 Exxon Mobil（埃克森美孚），可以被很好地翻译成各类语言。

6. 可保护性

对于品牌的保护需要从法律和竞争两个角度去理解。企业在选择品牌元素时，应该做到：

（1）选择可在国际范围内受保护的品牌元素；

（2）向合适的法律机构正式登记注册；

（3）积极防止商标遭受其他未授权的竞争侵害。

品牌命名：七个命名规则

你知道"蝌蚪啃蜡"这个品牌吗？

这个稀奇古怪的名字就是如今大名鼎鼎的"可口可乐"在最早进入中国市场时所用的中文品牌音译旧名。想象一下，"小蝌蚪啃蜡烛"的情景，小蝌蚪可能会感觉口渴，然后想要喝点东西……也只能这样蹩脚地联想了，否则这个名字无论如何也联系不到饮料上。可口可乐这种对于当时的国内消费者还无法适应的古怪味道，加上这个糟糕的名字，"蝌蚪啃蜡"在国内的销量十分惨淡。后来发生了有奖征集新品牌译名的故事，"可口可乐"这个迄今为止被广告界公认的翻译得最好的品牌名才正式诞生，新名字不但保持了英文的音译，还比英文更有寓意，无论是书面还是口头，都易于传诵。①

看看那些知名品牌，都无一例外地拥有一个绝世好名字，既能反映品牌所在的领域，又能体现品牌的江湖地位，如奔驰、法拉利、香奈儿、爱马仕、波音、蒂芙尼、劳力士、马爹利、人头马、微软、谷歌……

在讨论什么是好的品牌名称之前，先来弄清楚什么是品牌名称。

品牌名称是企业或产品在对外宣传时所使用的名称，也是商标中的文字部分。品牌名称和企业在工商注册时的名字可以相同，也可以不同。例如，"滴滴"是企业的品牌名称，它的企业名字却是北京小桔科技有限公司。

在实际操作中，很多企业会将企业名和品牌名搞混，将企业名当成品牌名，结果名字不能很好地反映品牌内涵，得不到消费者的认可。可见，必须将品牌名同品牌定位联系在一起，让其和视觉LOGO一起成为品牌定位的最佳载体。

中式快餐"真功夫"最初叫"168燕品快餐店"，因不能体现"蒸食"的品牌定位，将名字改为"双种子蒸品餐厅"，听起来有些高大上的意味了，但一直表现平平。无奈之下，花巨资请专业做品牌的企业帮助定位和重新起名，要求必须有别于洋快餐的油炸，锁定中式快餐的蒸和炒，能最大限度保留营养的特点。最终将品牌定位概括为"营养还是蒸的好"，品牌名称改为更能体现品牌特色的"真功夫"，和肯德基、麦当劳这样的洋快餐形成明显的区隔，很快就被国内消费者认可。②

---

① 参见《可口可乐的第一个中文译名为什么叫"蝌蝌啃蜡"？》，搜狐网，2021年9月11日。

② 参见《真功夫三次"易名"背后：品类选择对餐饮品牌发展尤为重要》，赢商网，2017年12月19日。

判断一个品牌名称是否足够亮眼，通常有四个标准：易读易记、易于传播、揭示性能、产生联想。

那么，如何为品牌取一个好名字呢？为便于消费者对品牌的识别、记忆和理解，企业为品牌起名时应遵循以下原则。①

（1）可被合法注册。这是品牌命名的基础，却很容易被忽略，甚至很多企业经营者想当然地认为已选定的品牌名称肯定能通过注册。多年前，某地卷烟厂申请注册"长寿牌"香烟被驳回，因为我国《商标法》有明确规定，带有欺骗性、容易使公众对商品的品质等特点产生误会的，不得作为商标使用。香烟是公认的有害身体健康的产品，长期吸烟会影响人的寿命，用"长寿"为香烟命名是绝对不合适的。这个如今说起来如同笑话一样的案例却是当年很多品牌名称申请不过的真实写照，不符合相关法律的规定，导致品牌名称不能通过。只有那些符合法律规定的品牌名称，才能通过申请。

（2）避免用生僻字。名字一定要易于辨认、易于发音、易于理解，不能使用闻所未闻、见所未见的生僻字。如今一些父母给孩子起名字喜欢用生僻字，以凸显自己孩子的与众不同。但生僻字用作名字在尚未给孩子带来预期的好处之前，因为难写、难认却先给孩子带来了诸多的麻烦，现实和理想差距有点儿大。给品牌起名字也是如此，不能只顾标新立异，忘记了难写、难认带来的不便。

（3）符合品牌定位。品牌存在的目的是抢占消费者心智，品牌名称是消费者对品牌的第一感知源。因此，品牌名称必须是品牌定位的最好体现，要将品牌的内涵以最简洁的方式输送到消费者的认知中。

---

① 参见《品牌命名要遵循的7大原则》，数英网，2020年9月9日。

（4）暗示产品属性。最好的品牌名称是让消费者能从名字中一眼就看出商品属于哪种品类，如五粮液、感康、蒙牛、安踏……以国窖1573为例，"国窖"二字很容易让人知道这是一款酒类品牌，再加上"1573"的镇场作用，一款年份绵长的好酒就摆在了大众的面前。

（5）利于联想发散。如果品牌名称不是常见词汇，也可以通过联想来解决这个问题，例如斯达舒，不是常见词汇，但名字中的"舒"字可以让人想到这是一款能让人感觉舒适的产品，再加上广告中反复强调的"胃痛、胃酸、胃胀，你需要斯达舒胶囊"，人们如果出现胃部不适，就会很容易想到斯达舒。

（6）预埋发展脉络。品牌在建立之初就要考虑到未来，这样即使企业发展到一定程度，品牌也能适应其变化。对于一个多元化的品牌，如果品牌名称和某类产品联系太紧密，就不利于品牌未来扩展到其他品类。例如，小米可以从手机品牌扩展成生态性品牌，腾讯可以从即时通信品牌发展成"巨无霸"。

（7）考虑当地风俗。给品牌起名字必须注意因地制宜。不同地域发音习惯或风俗文化会让一些看起来很不错的名字患上"地域病"。例如，金利来的前身叫"金狮"，虽然这种领带的质量很好，但在中国南方地区销量始终上不去。直到有一天，"金狮"被改为"金利来"，销量猛增，成为驰名品牌。领带还是原来的，"金狮"输在哪里呢？在粤语中，"金狮"和"尽输"发音相同，人们怎么会买这种不吉利的领带挂在脖子上呢！

品牌箴言：表现品牌的精髓

为更好地反映品牌所代表的含义，能够反映品牌"精神与灵魂"的品牌箴言就显得非常重要。品牌箴言通常很短，用3—5个词语表现品牌内涵精要与品牌价值精神。业内对于品牌箴言没有具体的定义，可以看作类似"品牌精髓"或"核心品牌承诺"，目的是使企业内部全体成员以及外部市场的合作伙伴或受众群体，都能理解品牌对于消费者需要所能做到的承诺上限。例如，麦当劳的"食品、大众和乐趣"的品牌理念准确抓住了品牌精髓和品牌承诺，就可以看作非常成功的品牌箴言。[1]

品牌箴言不是简单地说出一句具有概括性的短句来代表品牌，而是作为一项强有力的品牌拓展工作，知道在品牌下可以推出哪些产品，进行哪些广告策划，以及品牌产品应该应用在哪里及以哪种方式销售。

此外，也不能将品牌箴言定性为只能应用于品牌层面或者企业营销的战略层面，而是可以由上而下贯穿，既能指导品牌建设工作，也能指导产品执行工作，还能指导与品牌看似不相关的基础工作，如前台接待员的形象、电话应答方式等。这些基础的工作涉及范围很小，但汇聚起来就能代表品牌的整体形象，形成消费者对品牌的整体印象。例如，"海底捞"服务

---

[1] 参见《"营销之父"科特勒：下个十年，做好营销的80条建议》，嘉宾商学，2022年9月30日。

人员对顾客的招待方式已经成为企业的品牌特色，很多人去"海底捞"不是为了吃什么特色，只是为了享受服务。事实上，品牌箴言可以用来减少或消除那些与品牌不适宜的营销活动，也可以避免出现任何可能有损品牌形象的行为，终极目的是保护品牌形象的一致性。

企业进行品牌建设的初衷经常会与品牌被推广上市后的实际情况不一致，这是由于对品牌所处市场整体环境的认知偏差所导致的，也与消费者对于品牌实际接触后的认知改变有关。要改变这种情况，最好的方式显然不是品牌上市后的强行扭转，而是要在品牌上市前进行准确定位，让品牌在上市后的运营效果基本符合预期。但如果品牌上市后仍不太符合预期，此时可以实施"软扭转"，即利用品牌箴言让人们记住哪些要素应当给予高度关注。

品牌箴言必须能够简要且准确地表达品牌是什么，不是什么。耐克和迪士尼就显示了设计良好的品牌箴言的作用和功能（见表3-1）。耐克以"可信的运动性能"的品牌箴言指导营销计划，为营销活动提供了"智慧的导向标杆"，使品牌始终沿着正确的方向发展。迪士尼采用了一个内部品牌箴言"有趣的家庭娱乐"作为增强迪士尼核心品牌联想和确保第三方产品与服务传递一致的参考标准。无论是耐克，还是迪士尼，都坚持一个准则：任何与品牌箴言不一致的机会，无论多么诱人，都一律拒绝。

表3-1 耐克与迪士尼的品牌箴言

品牌	情感性修饰语	描述性修饰语	品牌功能
耐克	可信的	运动	性能
迪士尼	有趣的	家庭	娱乐

注：①情感性修饰语阐明了品牌以何种方式向消费者提供利益。②描述性修饰语阐明了品牌的性质。③品牌功能阐述了产品／服务的性质，或者是品牌提供的体验与价值形式。④品牌功能和描述性修饰语结合在一起，描绘了品牌边界。

当然，品牌箴言不可能严格按照上述结构设计，但无论采取怎样的结构，都必须清晰地描绘品牌代表哪些内容，排除哪些内容（暗示性的）。

品牌箴言最典型的特点是必须抓住品牌的差异点，即品牌的独特之处。此外，最终确定品牌箴言还有四个必须考虑的方面。

（1）传播性：既要能界定品类，也要能设定品牌边界，还要能阐述品牌的独特之处。

（2）间接性：应当简短、上口、生动，易于记忆，推荐三个词汇比较理想。

（3）启发性：必须贴合实际，对个人有意义，并尽可能多地与消费者联系。

（4）适应性：若品牌快速成长，品牌功能术语对于合适的品牌延伸提供指导作用。

品牌口号：传递品牌说服性信息的短语

品牌口号是用来传递有关品牌的描述性或说服性信息的短语，通常出现在广告中，因此也称为"品牌广告语"。[1] 品牌口号在包装和营销方案的其他方面都有很重要的作用，如士力架的品牌口号"饿了吗？来一块士力架"既出现在广告中，也印在包装上。

品牌口号是品牌宣传推广的有力方式，因为它与品牌名称一样，能迅速有效地建立起品牌资产。一些企业的品牌名称没有让消费者快速记住，其品牌口号却成了连接消费者与产品的"挂钩"，帮助消费者快速抓住品牌

---

[1] 参见《什么是好的品牌口号？》，搜狐网，2015年12月4日。

的含义，了解品牌是什么，能给自己带来什么样的利益。

在 DE BEERS（戴比尔斯）推出那句经典品牌广告语"A Diamond is Forever"后，迅速火遍西方，成为珠宝领域的顶级品牌。雄心勃勃的戴比尔斯不满足于只在西方世界叱咤风云，还要打入东方市场，尤其是中国市场，获得更多消费者的认可。但英文广告词"A Diamond is Forever"如果直接翻译成中文"钻石是永久的"，这样的直译听起来非常苍白，如果就此打入中国市场，一定会反响平平，很难取得好的效果。于是，戴比尔斯开始在全世界范围内征集广告词的翻译，经过几个月的评选，最终"钻石恒久远，一颗永留传"被确定。不知道是谁将这句广告语翻译得如此完美，其意境和韵律都十分优美。[①]

这句广告语翻译被美国《广告时代》评为 20 世纪经典广告创意之一，但也成了所有未婚男士钱包的噩梦。钻石被誉为 20 世纪最精彩的营销，它提供了现代营销史上教科书般的经典案例：商品服务消费者只是一种低端的理念，商品教育消费者才是最高的成就。[②]

成功的品牌口号必须考虑依靠企业与消费者的情感互动，使企业口号与品牌口号统一起来。产品功能等理性因素是决定品牌的直接因素，脱离了理性精神的口号是随时都可能破灭的泡沫。

为了避免自己的品牌口号成为泡沫，很多成功的品牌在口号的设计上都很直接，即将品牌和相应的品类放在同一句话中，把两者紧密结合起来。如 HBO 的品牌口号在表达其独特定位方面起到了关键作用。

作为付费电视频道，除付费电影外，还播放原创、最新的节目，如

[①] 参见《A Diamond Is Forever 钻石恒久远 一颗永留传的由来》，搜狐网，2016年12月13日。

[②] 参见《二十世纪最精彩的营销骗局——"钻石营销"》，搜狐网，2017年12月12日。

《欲望都市》《明星伙伴》这样的高质量、高人气的节目，都不会在免费频道播出。但仅依靠一些电视、电影节目并不能让观众一直确信自己的付费物有所值，HBO必须突出其最具竞争力的品牌差异和品牌精髓，于是提出了一个非常漂亮的品牌口号"It's not TV, It's HBO（它不是电视，它是HBO）"。对于企业内部而言，该口号为全体员工界定了一个清晰的愿景，并时刻记在他们的大脑中：无论他们做什么，HBO从来就不是一般的电视。但对于企业外部而言，该口号给予观众一个了解HBO，并将HBO品牌归类的参照点。

品牌口号通常与广告活动紧密结合，是概括广告中描述性和说服性信息的点睛之笔，最经典的还是那句"钻石恒久远，一颗永留传"。但品牌口号比单一的广告语更宽泛且持久，因此可以根据不同场景设计不同的品牌口号。耐克多年来为体育赛事设计了不同的品牌口号，对外就是广告语，如"准备而战"和"快到难以捕捉"（篮球）、"踢出传奇"（世界杯）、"我的更佳"（综合运动）、"我就在这"（女子运动）。

品牌口号可以通过演化品牌名称以建立独特的品牌形象，如美宝莲化妆品的品牌口号是"也许她与生俱来，也许它就是美宝莲"。

品牌口号可以将最大的品牌特色直接阐述出来，让消费者第一时间就知道品牌究竟做了什么，如农夫山泉的品牌口号是"我们不生产水，我们只是大自然的搬运工"。

品牌口号可以包含与产品有关的信息，也可以包含与产品无关的内容，或者两者兼具。如冠军运动装的品牌口号是"更多一点就是冠军"，可以用产品性能来解释，即冠军运动装比其他运动装用了更多专业性的材料；也可以用非产品性能来解释，即穿着冠军运动装与冠军的距离更近。

品牌是不断发展的，当品牌口号继续传递一些品牌不再需要强调的含义时，就会使品牌发展受限，因此必须更新品牌口号。许多情况下，对现行品牌口号进行适当修改，比引入一个全新的品牌口号更有效，且代价更低，但需注意以下四点：

（1）加强消费者对品牌的认知，创建品牌资产；

（2）确定必须进行品牌口号更新的市场因素；

（3）尽可能多地保留品牌口号中尚有价值的部分；

（4）注入所需要的新含义，从其他途径增加品牌资产。

品牌故事：唤起消费者的情感共鸣

1945年的奥斯卡颁奖典礼上，钻石大王哈里·欧内斯送了一条镶有24克拉钻石的项链给影后琼·克劳馥。在克劳馥看着项链感到吃惊的时候，欧内斯顺势介绍了钻石的特点：钻石有坚硬和亘古不变的品质，传到下一代，再到下一代手上，它依然会保持今天的美丽和光鲜。这番解释触动了人到中年又已四婚的影后克劳馥，她不无伤感地说："要是一个人能有像钻石一样的爱情该多好啊！"

一个万众瞩目、光鲜亮丽的超级巨星，却有如此伤感的愿望，深深触动了欧内斯的商业神经，他希望人们能拥有钻石般的爱情。

1947年，戴比尔斯打出了闻名世界的品牌广告语"A Diamond is Forever"。当人们看到这句广告语就会想到琼·克劳馥在奥斯卡颁奖典礼上的伤感画面，这个绝佳的品牌故事在戴比尔斯品牌的传播过程中整合了企业形象、产品信息等基本要素，加入了时间、地点、人物等易于传播的信息，以完整的叙事结构和感性的"信息团"形式形成了一个完美的传播链，得到了广泛的传播推广。戴比尔斯推出的钻石产品不仅作为王室贵族的奢侈品象征，还成为普通大众永恒爱情的象征。①

故事是为了增强记忆和有效沟通，品牌故事也不例外。但是，一些企业却将品牌故事理解成是说"豪言壮语"，甚至是"游说之言"，于是就一通夸夸其谈地胡编乱造，结果可想而知。其实，品牌故事的根在品牌文化上，与品牌价值紧密关联。讲故事不是为了"搞气氛"，而是为了"换信任"。用一句话解释品牌故事：品牌故事就是通过一种生动、有趣、感人的方式，阐述品牌背景、品牌理念、品牌使命和品牌定位等信息，以唤起消费者的情感共鸣。

内蒙古的牛羊肉为什么好吃？直接科普肉类原理和摆出指标数据都很难令消费者买账，毕竟谁也见不到原理的具体形态和指标的具体指向，但如果换成讲故事的方式就容易多了。可以这样讲，"吃的是天然草，喝的是矿泉水，住在旅游区"。将这样的故事放在任何相关企业的宣传资料里，都能达到让消费者过目不忘的效果。②

从本质上讲，品牌故事就是与消费者沟通的策略，需要融合多领域的知识，如心理学、行为学、语言学、地理学、历史学等。因此，一个好的品牌故事是极具吸引力和号召力的，能最大程度地决定品牌联想。根据大卫·艾克的观点，品牌联想衔接了品牌认知，而品牌故事又决定了品牌联想，因此品牌故事相等于品牌联想。

---

① 参见《[品牌网]戴比尔斯：钻石帝国的故事》，搜狐网，2020年1月13日。
② 参见《内蒙古草原上的牛羊，吃的是什么，是饲料吗？估计猜不到》，搜狐网，2023年3月30日。

相信看过《向往的生活》的朋友们都对里面的有机奶（印象深刻），这款牛奶的奶源来自沙漠绿洲有机牧场。听到"沙漠牧场"大家都会觉得很神奇，寸草不生的沙漠中开发出的牧场究竟是怎样的呢？这片广袤的牧场生产出来的牛奶品质如何呢？于是，令人心动的品牌故事就来了。

蒙牛沙漠有机牧场坐落于乌兰布和，地处北纬40°的沙漠优质奶源带，这里曾是黄河古道下游河段流经处，有着丰沛的地下净水，再配上沙漠年均3000小时以上的日照和清冽的紫外线，为这片净土打造了极好的生态环境。

有了得天独厚的自然环境，蒙牛花费了11年的时间在这里开发牧场。在这艰苦卓绝的11年里，蒙牛人在没有电、没有水、没有路，只有漫天黄沙和凛冽寒风的情况下，在200平方千米的沙漠中种植下9700万棵树苗。这些沙生树逐渐成长，形成了天然的防沙屏障，保护了一座座绿洲草场，成就了独特的沙漠优质奶源地。在这片面积达到22万亩的绿洲草场上，供养着6万头荷兰斯坦牛，它们喝着纯净天然水，吃着在最佳时间收割的富含粗蛋白质、维生素和无机盐的紫花苜蓿草，以及专业营养师搭配的纯天然有机食物，悠闲地在天然细沙上漫步，晒着太阳，身心放松的奶牛才会产出最高品质的牛奶。

蒙牛用"种、养、护"打造了沙漠可持续生态，一边为消费者生产高品质的牛奶，一边助力国家进行生态工程。蒙牛品牌的格调瞬间得到了提升，这不需要蒙牛自己宣传，而是所有了解蒙牛品牌的人都看得到的放心品牌。[1]

蒙牛的品牌故事讲到这里，再讲下去就有为蒙牛做广告的嫌疑了！生动的品牌故事，不是只堆砌华丽的辞藻就能达到的，必须具备以下几点。

（1）故事的内容必须真实可信。

（2）故事呈现的信息需要强化定位。

---

[1] 参见《揭秘蒙牛沙漠有机牧场！神奇奶源在这里》，知乎网，2022年9月27日。

（3）故事里面的情节必须生动感人。

（4）故事结尾最好带出品牌使命感。

必须注意的是，再好的品牌故事，也很难通过一次传播就取得"破圈"效果，而是需要通过各种方式进行饱和宣传"攻击"。但无论用哪种方式，都必须保证故事的真实性，用最真的心引发消费者与品牌之间的共鸣。

电影《穿PRADA的女魔头》就是PRADA品牌故事的一次完美延伸。这部电影根据美国时尚杂志《VOGUE》的总主编安娜·温图尔的经历改编，加上PRADA掌门人缪西娅·普拉达是众多时尚女强人的御用时装设计师，这就使得故事的真实性更加让人信服。

一个带有强烈共鸣的品牌故事，只要坚持下去，就能逐步走进消费者的心中，并且长久留存。无论如何，品牌故事必须保持真实性，任何卖惨和编造的故事都不会逃过大众的眼睛。

品牌人格：有生命力的长寿品牌具有人格原型

品牌人格就是品牌个性，是一个特定品牌拥有的人性特色。[1] 被成功塑造的品牌人格，可以拉近品牌与消费者的情感距离，并在消费者心中刻画出鲜明难忘的品牌形象。

美国学者玛格丽特·马克和卡罗·比尔森基于弗洛伊德和阿德勒的两大心理学流派，对不同品牌进行深入研究后提炼总结出品牌的12种人格模

---

[1] 《品牌的十二种人格即品牌原型/荣格原型Brand Archetypes》，知乎网，2019年2月12日。

型。他们对于这12种人格模型的提出给予了解释:"品牌的塑造好比人的成长,不同的基因决定了不同的人格,不同的人格决定了不同的传播调性,不同的传播调性又决定了消费者对品牌的不同反应。"①

按照他们的观点,品牌人格的显性层面就是品牌个性/品牌调性。这是一个特定品牌所拥有的拟人特质和个性,即品牌的人格原型。接下来他们对12种品牌人格模型进行了详解,先按照人格的底层属性将12种品牌人格分为以下4类。

(1)独立类人格:君子、创造者、魔术师。

(2)从属类人格:情人、普通人、娱乐者。

(3)挑战类人格:英雄、颠覆者、探险家。

(4)稳定类人格:智者、关怀者、统治者。

可以将12种品牌人格以四坐标方式进行罗盘区隔,暂定为每种品牌人格的辐射面积相同,看看每种品牌人格的位置(见图3-2),并对每种品牌人格进行具体解读(见表3-2)。

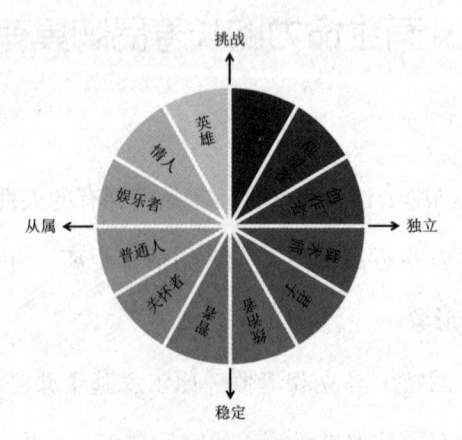

图3-2 12种品牌人格排序

---

① 参见《品牌的十二种人格即品牌原型/荣格原型Brand Archetypes》,知乎网,2019年2月12日。

表3-2　12种品牌人格解读

人格	概括	渴望	目标	恐惧	天赋	策略	陷阱	代表品牌
君子	永葆赤子之心	体验天堂	得到幸福	做错事而遭到惩罚	堂堂正正做人做事	信心与乐观	道德高尚	公主梦的迪士尼
创造者	只有想不到，没有不能造	具有永久价值的东西	结果对人类的有利性	愿景或执行结果平凡无奇	想象力和创造力	培养艺术控制和技巧	完美主义或误创	发明随身听的索尼
魔术师	让世界发生改变	了解世界运转的规律	让梦想成真	无法预知的负面结果	发现双赢的结果	提出愿景并加以实现	产生宰割心理	一键呼叫飞机的Uber
情人	我的眼里只有你	获得亲密感	把你宠上天	孤独没人爱	由内而外散发的无限魅力	内在与外在变得更具吸引力	取悦他人而丧失自我认同	魅惑迷人的维多利亚的秘密
普通人	自在做自己	和别人建立长久关系	归属和融入	与众不同和遭到拒绝	踏实、不虚伪	培养平凡的固有美德	为融入群体而放弃自我	连接一切的Facebook
娱乐者	好玩儿是最要紧的	快乐地活在当下	用玩乐照亮世界	变得无趣的自己	制造快乐	玩乐但不突破禁忌	浪费生命	与用户共"潮"的领克
英雄	和我一样，勇敢起来	靠勇敢行动证明自己	凭一己之力改造世界	软弱到任人宰割	才干与勇气并存	不断变得强壮有力	傲慢到没有敌人活不下去	"Just do it"的NIKE
颠覆者	规矩是用来破坏的	复仇或革命	摧毁没有用的东西	软弱无能或平凡无奇	极端自由与极限超越	震动→推倒→摧毁	以身试法	无颠不覆的苹果

续表

人格	概括	渴望	目标	恐惧	天赋	策略	陷阱	代表品牌
探险家	放飞自我，永远在路上	自由探索世界以找到自己	体验更美好与更震撼	受困与服从	自主、忠于自己的灵魂	追寻和体验新事物	漫无目的地流浪	"勇闯天涯"的雪花啤酒
智者	真理带给你自由	发现真理	运用智慧了解世界	因无知而被误导	智慧与聪明	传递知识、分享知识	一直研究不采取行动	塑造"获得感"的知乎
关怀者	我比你的母亲还关心你	保护他人免受伤害	慷慨助人	自私和不知感恩	热情、同理心	为他人尽心尽力	牺牲自己	超熟睡的苏菲
统治者	权力不是一切，是唯一	维护长期稳定的状态	创造繁荣和成功	混乱和被推翻	负责、领导力	发挥领导作用	摆架子和独裁	No.1的中国移动

任何一种品牌人格都不是凭空存在的，而是基于品牌主张存在的，这个主张可能是事实认知，也可能是价值认知或情感认知。

所有成功的品牌，都能找到与消费者相符合的人格标签。而品牌本身就是要在消费者心中烙下难以磨灭的印记，因此，建立品牌一定要选择一个真正的人格模型去做正确的事情，才可能成功。并且针对品牌的传播活动都要与品牌人格相符合，如果品牌因为领域特性需要特别打造成为"统治者"的形象，就要做一些大手笔的推广，打出一些"大事件"震撼消费者，而不能每天盯着八卦追热点，否则只会给消费者带来困扰，给他们留下不务正业的印象。品牌人格化可以带来很大的推广便利，但也会带来限制，这就要求我们必须正确打开品牌人格的建设方式。在此给出以下四点建议。

（1）产品与消费者的情感关联。务必尊重事物本身的特征，不能强行拉靠。例如产品是书包，推销者就算讲出花来，也不可能有什么科技色彩，书包只能是"普通人"或"君子"的人格，不可能成为"颠覆者"，因为产品本身不可能满足"颠覆者"这样的情感关联。

（2）产品与消费者的期望关联。明白消费者对产品有什么样的价值期望，非常关键。如果消费者想满足的期望是A，产品给出的期望却是B，即便你说得再好，消费者也只会看看就离开了。例如产品是方便面，可以用"普通人"人格来诠释，也可以用"娱乐者"人格来诠释，适当增加一些表达的趣味性，给消费者耳目一新的感觉。但方便面肯定不会是"智者"人格，如果说成"智者"人格，既和方便面的产品特征不相符，也和消费者的期望不相符，说得再天花乱坠也难有消费者认可。

（3）产品与品牌的主体调性关联。调性是品牌行为所呈现出来的感知，当人格决定后，调性一般也就决定了。例如，品牌是"智者"人格，那么调性也基本要与专业、可信服结合；如果品牌是"娱乐者"人格，调性也应该是活泼的、敢于创新的。

（4）产品与企业创始人的特征关联。维珍航空创始人理查德·布兰森说，他创立的品牌和他一样叛逆，毫无疑问，维珍品牌具有"颠覆者"人格。这一点是绝对的正相关，看一个品牌的人格，就能确定创始人的人格，反过来也一样适用。

第四章
品牌主视觉：对品牌形象进行系统性建设

任何形式的了解都是从表象开始的，所以现在有关品牌的视觉形象越来越受重视。因此，企业在经营品牌和产品的同时，还要兼顾形象建设，毕竟这些视觉性的无形资产带来的收益有时更加难以估量。

品牌VI：打造升级版"视觉识别系统"

什么是VI？要理解这个问题，必须先了解什么是CIS！那么，什么是CIS呢？CIS是"企业形象识别系统"（Corporate Identity System），是企业有意识、有计划地将自身的各种特征向社会公众主动展示与传播，让公众在市场环境中对这一特定的企业有一个标准化、差别化的印象与认知。①

CIS一般由三个部分构成，即企业的理念识别（MI）、企业的行为识别（BI）和企业的视觉识别（VI）。

（1）理念识别（MI）——确立企业独具特色的经营理念，包括企业生产经营过程中的设计、科研、生产、营销、服务等经营管理识别系统，是企业对当前和未来一个时期的经营目标、经营思想、经营方式和营销形态所做的总体规划和界定。

（2）行为识别（BI）——企业实际经营理念与创造企业文化的准则，它通过一系列实践活动将企业理念的精神实质扩展到企业的每一个角落，是对企业运作方式所做的统一规划而形成的动态识别系统。

（3）视觉识别（VI）——以企业标志、标准字体、标准色彩为核心，展开完整的、系统的视觉传达体系，它将企业理念、文化特质、服务内容、企业规范等抽象概念转换为具体记忆和可识别的形象符号，塑造出排他性

---

① 参见《VI系统设计升级对品牌战略的重要性》，简书网，2018年10月29日。

第四章 品牌主视觉：对品牌形象进行系统性建设

的企业形象。

下面以成长型企业为例，看看这类企业的 CIS 系统都包含哪些要素（见表 4-1）。

表4-1 成长型企业CIS系统及关键要素

CIS	包含要素
理念识别（MI）	企业精神、企业价值观、企业文化、企业信条、经营宗旨、经营方针、市场定位、产业特征、产业构成、组织体制、管理原则、社会责任和发展规划等
行为识别（BI）	对内包括：建立完善的组织制度和培训体系、管理规范、干部教育、员工教育、行为规范、福利制度。对外包括：市场调查、产品研发、流通对策，通过社会公益文化活动、公共关系、营销活动、文化性活动等方式传达企业理念
视觉识别（VI）	基本要素系统包括：企业名称、企业标志、标准字体、标准色彩、象征图案、宣传口号、市场行销报告书等。应用系统要素包括：办公用品、生产设备、产品造型、工作环境、交通工具、服装服饰、广告媒体、包装、礼品、招牌、橱窗、陈列展示、印刷出版物等

在 CIS 的三大构成中，MI 位于整个 CIS 的核心层，给整个系统奠定了理论基础和行为准则，一切行为活动与视觉设计都围绕 MI 展开；BI 位于整个 CIS 的中间层，直接反映企业理念的个性和特殊性，是企业实践经营理念与创造企业文化的准则，是对企业运作方式所做的统一规划而形成的动态识别系统；VI 位于整个 CIS 的最外层，最具有传播力和感染力，最容易被社会大众所接受，因此具有主导地位。[①]

视觉是人们接受外部信息的最主要通道。在整个 CIS 系统中，MI 和 BI 是思维方式和内部管理的推导，给人的只是企业的思维、约束和表达，VI

---

① 参见《企业身份识别系统 Corporate Identity System》，阿里云开发者社区网，2006年3月18日。

把思维方式和内部管理的结果以静态的视觉识别符号的形式在企业管理和营销过程中加以具体运用和体现。

品牌VI就是品牌的视觉形象设计。品牌VI设计需要能较好地体现产品的相关属性和特征，使得VI设计在市场的应用中可以代表品牌精神，充分传递品牌信息，保证消费者接受符合品牌战略的视觉信息。

因此，优质的品牌VI设计，能够帮助品牌在市场上树立良好形象。设计到位、实施科学的视觉识别系统，是传播企业经营理念、建立企业知名度、塑造企业形象的便捷途径。

品牌LOGO：品牌传播的助推剂

我们每天都能看到很多品牌的LOGO，有非常知名的，有刚刚申请的，有未来或许会是很知名的，也有曾经是霸主现在已落寞的。让你迅速说出10个LOGO，你会不会脱口而出？作为现代人，基本都可以，不用了解别的，满大街跑的车的品牌，就够凑足10个了。

虽然LOGO到处可见到，但很多人对LOGO是有误解的，认为LOGO就是商标。LOGO和商标既有相同之处，又有不同之处。商标是名称、术语、符号、象征、设计或者以上各类的组合。LOGO是企业品牌或产品品牌的标志，可以用来申请商标。因此，商标更多用于企业，LOGO更多用于品牌。

无论是商标还是LOGO，重要的是突出视觉效果，但不能简单地认为好看就可以了。很多LOGO做得也很好看，但消费者记不住，可见LOGO设计除了好看以外，还有很多其他的要求。本节我们就来讨论如何设计出让消费者过目不忘的品牌LOGO。

LOGO是徽标或者标志的英文单词的缩写，通过形象的设计传达，让消费者记住企业主体和产品信息。在LOGO设计理念传达中还需要注意LOGO的功用性、识别性、准确性、显著性、独特性、艺术性、多样性、审美性（这些特性按照重要性由高到低排列）。

LOGO是品牌标识，常见的形式有单图型、单字型、图形字体组合型。LOGO是品牌的视觉化体现。在人的"五感"中，视觉占了近80%以上的感知度。视觉会根据注意力的不同分成两个层级。第一眼被用户看到的信息是第一视觉层级（品牌名称和品牌LOGO位于第一层级），第二眼被用户看到的信息是第二视觉层级（品牌海报、品牌手册、品牌包装位于第二层级）。

一个好的LOGO可以成为品牌传播的助推剂，帮助品牌迅速占领用户心智。那么，什么样的LOGO才算是合格的助推剂呢？下面笔者给出五点建议。[①]

1. 体现品牌定位

好的LOGO不仅要体现设计理念，更要体现品牌战略，准确表达品牌定位。通俗地讲，LOGO要传递出"我是谁"的信息，并被用户完整捕捉到。

某大型加工企业想通过品牌LOGO展示企业强大的整体实力、完善的管理机制和优质的产品/服务，但LOGO设计使用了柔嫩可爱的花瓣，就非

---

① 参见《从疫情版Logo，看品牌传播怎么撬动关注？》，人人都是产品经理网，2020年3月28日。

常不契合企业的品牌定位。

LOGO的设计理念不应该是设计者给予的,而是要追溯企业的本意、企业所面临的市场及受众群体,从深处去挖掘LOGO设计本该有的灵魂,设计者是在找对灵魂的基础上去为其赋予骨与肉,即LOGO的形态表达。

西贝莜面村的LOGO,就是通过"莜面村"以及"I Love 莜"的图案体现品牌的产品定位。LOGO设计的理念,不仅要提供准确的产品信息,还要表现出品牌的特性与主张。[①]

2. 建立品牌识别区隔

LOGO必须具有强烈的品牌识别区隔,才能让消费者第一眼看到就能把本品牌与竞争品牌区别开。这种识别区隔可以通过色彩对比、图形设计来实现。例如,宜家家居采用黄色和蓝色的对比,通常色彩越少的LOGO,对比效果越明显,识别度也越高。有时候笔者在看球赛时,偶尔看到哪支球队是黄蓝配色的球衣,如意大利著名的帕尔马足球俱乐部,就会不由自主地想到宜家。

3. 符合用户需求

LOGO是给消费者看的,因此必须明白消费者需要什么,才能知道应该采取什么样的视觉设计。

用户需求可分为精神需求和物质需求两大类,在设计品牌LOGO时就要考虑是满足消费者的精神需求还是物质需求。

星巴克的LOGO是希腊神话中魅惑人的海妖塞壬,通过卡通式的设计,带给消费者一种神秘感,使消费者产生探索的欲望,在一定程度上满足了

---

① 参见《品牌Logo:Logo需要满足4个特质》,知乎网,2022年4月18日。

消费者的精神需求。[①] 拼多多的 LOGO 则更加直白，中间一个拼字，周围围绕着各种产品，体现出拼多多丰富的产品品类和高性价比的特点，满足了消费者的物质需求。

4. 带来传播效果

LOGO 的传播效果主要来自本身自带的话题性，可以引发大众的好奇心，让大家自发地成为义务传播者。有些 LOGO 被广泛传播是因为设计得太过漂亮，让人过目不忘。

派拉蒙影业公司从 1916 年开始使用"雪山山峰"的 LOGO，该山峰据说是美国犹他州沃萨茨山脉的一座山峰。在 2002 年派拉蒙公司成立 90 周年的时候，重新设计了 LOGO，雪山山峰变成了世界最高峰——珠穆朗玛峰。敢于用世界第一高峰做 LOGO，本身就带有巨大的话题流量，同行多有不服，但作为好莱坞现存最古老的影业巨头，配得上这份荣耀。[②]

5. 避免大众化

LOGO 的设计必须符合时代特点，但又不能带有太多的流行元素，且必须以简洁为主，如简单的图形、简单的色彩、简单的文字等。但是，简单虽然便于大众识别，但也容易在行业内造成"撞车"的风险，毕竟大家都追求简洁，就容易大众化，反而不易被最快识别出来。因此，必须要在简洁中寻找最大的不同，并且能在 LOGO 的设计中得到最好地凸显。

以白酒行业为例，郎酒、牛栏山、国窖 1573、泸州老窖的 LOGO 都很简洁清晰，最大的区别是各品牌采用了不同的汉字字体来体现产品的历史与不同。

---

① 参见《古希腊神话故事——星巴克标志上的女妖塞壬》，搜狐网，2017 年 10 月 15 日。
② 参见《派拉蒙电影公司百年纪念 LOGO》，标志情报局网，2011 年 12 月 18 日。

品牌海报：拉满品牌的高级感

海报这一名词起源于上海。旧时海报是用于戏剧、电影等演出或球赛等活动的招贴，是一种在户外，如马路、码头、车站、机场、运动场或其他公共场所张贴的速看广告。海报设计是应用最早和最广泛的宣传品，它的展示面积大，视觉冲击力强，最能突出企业的口号和用意。[①]

海报展示的最大原则是需要人们觉得海报给他们提供的是信息，而非广告。品牌海报完美地继承了这一原则，此外还应具备以下三个特点。

（1）商业性。海报是为某项商业营销类或品牌宣传类活动做的前期广告，目的是让人们了解品牌，并亲自参与其中。

（2）宣传性。海报发布者往往希望吸引社会各界的参与，海报设计得非常精美且具有吸引力，是为了吸引更多的人加入活动。

（3）广泛性。海报的展示途径分为线上和线下两种，线上可以在媒体或网络上刊登、播放，线下则张贴于人们易于见到的地方。

品牌海报的设计好像谁都能做，用绘图软件就能完成，但有些海报能够表达品牌和产品的重要内容，有些海报虽然看着漂亮却并未起到展现品牌和产品的作用，其中的差异就体现在是否遵守海报设计的四项原则。下面逐一介绍这四项原则。

---

① 参见《让人拍案叫绝的20个创意海报》，搜狐网，2017年12月8日。

1. 现实性原则

海报艺术通常都是从生活的某个方面再现现实，但艺术源于生活还要高于生活，海报虽然是再现现实，却不能照搬现实，要对现实进行一定的升华。在选择设计题材时，应选择最具代表性的现象要素，实现在构图简单的基础上达到吸引人的目的。

2. 简洁性原则

海报设计是"瞬间艺术"，让目标受众在有限的时间里不能忘记。如果占据目标受众太多的时间用于阅读，再漂亮的海报也是不合格的，因为没有人会愿意长时间去阅读一份广告性质的海报。

3. 独条性原则

从长期的实践经验可知：一条信息比两条信息要好，因为简单的视觉资料比复杂的视觉材料更容易向目标受众传递品牌或产品的信息。银行的海报都做不到独条，总是洋洋洒洒一大篇，关键还不是一个海报，都是一套一套地摆放在那里，因此很少有用户能完整地从头至尾地看完。

4. 清晰性原则

有些海报确实无法做到一句话到位或者一幅图打天下，必须要用一定的文字和图片联合出击，才能表达完整品牌和产品要传递的含义。这就要求在进行海报设计时，设计思想必须清晰完整地表现主题；在想出一些新颖的主意时，必须全面理解海报的内容，正确表现主题。

在说完了品牌海报设计的四项原则后，再来介绍品牌海报设计的五项基本元素，即背景、主体、文字、色彩、装饰。任何海报的设计都离不开这五项元素，有些海报的元素还会更多。

背景元素。页面的布局划分必须合理，在各种不同元素的相关信息周围都用区隔边线进行区域划分，但为了增加整体画面的美感，边线划分要整齐有序。

主体元素。对于多元素呈现的海报，画面节奏要有强弱变化；对于被优先考虑的元素，要采取特别能吸引人眼球的处理方式；其他元素的图片尺寸大小要适当调小，以增强画面节奏的强弱变化。

文字元素。大小需有规矩，可以用颜色、粗体或大号字体体现重点；文字的颜色要有同一感，不能过于散乱；行距和字距要结合海报的整体大小和所表示的元素大小设定。

色彩元素。色彩使用要更贴近自然感，页面颜色不宜过白，否则给人空空荡荡的感觉；也不宜过暗，以避免给人压抑不舒适的感觉。

装饰元素。海报需要适当留白，但不能莫名其妙地留出一片空白，给人一种这里实在没有东西可以展示了，或者好像是漏印了什么东西一样的感觉。

品牌手册：符合品牌的调性

企业宣传手册可以定义为一种以宣传为目的，用来介绍企业的产品、文化和经营理念的宣传媒介，因为制作精美、携带方便，版面构图能在短时间内吸引人们的注意力，并获得瞬间感染力，是比较实用的宣传手段。

设计一本高品质的品牌宣传册，需要在设计之前对品牌理念、文化、定位、个性等进行全面了解，辅以感性的视觉设计与优秀的印刷工艺，此外还需关注宣传册所要承担的品牌或产品同目标受众的沟通任务，针对目标对象与市场现状，最大限度地体现企业、品牌、产品的独特性。[①]

有人会问：企业已经有那么多宣传方式了，为什么一定要设计品牌宣传手册呢？原因在于品牌宣传手册在品牌宣传推广的过程中拥有其他宣传方式所不能比拟的优点。

（1）内容翔实。宣传手册的页数多，可以更加详细地介绍品牌内容，便于消费者合理选择产品，正确使用产品，及时维修保养产品。重点提供有关产品的两大类信息：一类是各种类型、不同角度的产品实物图片，另一类是产品的工作原理图纸或科学实验的数据、图表等。

（2）内容准确。与海报、招贴进行了更多的艺术效果处理不同，宣传手册主要以实物为展示主题，可以附带广告产品样本。例如，洗涤用品试用装、纺织品面料、特种纸张等，具有更直观的宣传效果。

（3）针对性强。宣传手册是完整的宣传形式，可以针对销售季节、流行期、展销会、洽谈会等，也可以针对购买商品的消费者进行寄赠、分发，目的都是扩大企业和品牌的知名度，加强消费者对产品的了解，强化广告效用。

（4）整体性强。宣传手册因为自身体量足够大，可以自成一体，因此无须借助其他媒体，也不受环境、版面、印刷、纸张等限制。宣传手册必须有一贯的内容，在布局或美术观点上充分发挥个性。

（5）精美别致。宣传手册有着近似杂志广告的媒体优势——印刷精美，视觉效果强。再通过语言生动、表述清楚的广告文案，让宣传手册以图文并茂的视觉优势传递广告信息，吸引消费者对产品和企业形象产生深刻

---

① 参见《爆款品牌调性大揭秘！让你的品牌轻松引爆市场/品牌战略》，数英网，2023年8月28日。

印象。

（6）便于流传。宣传手册普遍开本较小，便于邮寄和携带。企业可以大量印发、邮寄到代销商或随产品赠送给消费者，也可以通过展销会、交易会分发给参会用户。

既然企业的品牌宣传手册有如此多的好处，那么就必须进行相关设计和印发、邮寄，便于企业信息的广泛传播。那么，如何设计一本优秀的宣传手册呢？

1. 明确宣传手册的目标与作用

在设计之前，需要明确宣传手册是产品推广还是品牌推广。在设计过程中，需要与品牌调性或品牌VI风格保持统一。

2. 依据行业特点打造企业亮点

在设计之前，需要明确宣传手册的调性，手册风格要贴近企业的行业特性和发展阶段，并与主营业务相契合。例如，地产类企业的宣传手册往往选择大气、沉稳的设计风格，版式空间以整齐的网格划分为主，在规整的基础上有所变化；科技类企业的宣传手册则往往选择一些数字化、科技感强的元素去表达企业高端专业的形象。

3. 充分了解宣传手册的目标受众

根据宣传手册的主要目标受众进行整册设计定位，在宣传手册设计中用符号让目标受众与产品产生直接的联想。此外，要站在读者的角度，以提供便捷舒适的阅读体验为出发点进行设计。

4. 规划和定制视觉元素

视觉元素的统一规划会使整个画面具有强烈的视觉统一感，让阅读者能强烈感受到条理性，从而提高阅读效率。例如，某企业品牌宣传手册中涉及大量的人物头像图片，都被统一处理成了黑白图片，保持了色调上的统一。

5. 应用数据可视化设计

宣传手册中大量数据化的、介绍性的内容，可以统一归纳成表格或信息图的形式，避免单一的文字表述。图文并茂更符合现代人的阅读习惯，也能提高宣传手册的设计水准。

6. 印刷环节精细化

"编筐编篓，全在收口"，设计得再好也需要精细加工才能获得想要的成品效果。因此，必须保证高质量的印刷工艺，每道环节都要做到精工细作，以保证手册的成品质量。

总之，企业品牌宣传手册能够以形象的视觉方式宣传企业，以特有的视觉符号吸引公众的注意力，并使其产生记忆点。一本手册，采用了美学的点、线、面全方位地展现企业的文化理念和品牌形象。

品牌包装：增强"货架效应"

品牌包装指针对品牌概念所做出的整体商业文化包装，运用品牌视觉形象、品牌文化传播、品牌商业环境等系列设计行为，打造一个完整的品牌塑造体系。[①] 品牌包装拥有者经过法律程序的认定，享有品牌包装的专有

---

① 参见《如何设计一款能卖货的产品包装？》，上海欧赛斯文化创意有限公司官方账号，2022年8月11日。

权，有权要求其他企业或个人不得仿冒、伪造。

品牌包装设计完成后，由于市场的不断变化和消费者需求的不断提高，品牌包装资本可能壮大，也可能缩小，甚至会在竞争失败的情况下退出市场。无论是成长初期的品牌还是成长后期的品牌，无论是从企业角度看还是从消费者角度看，品牌包装都必须实现以下五个目标（见图4-1）。

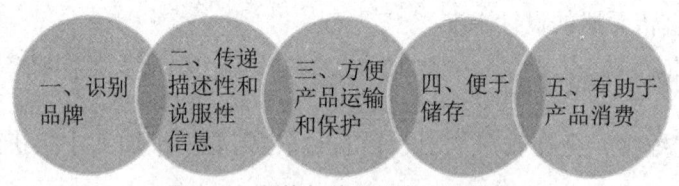

图4-1　品牌包装必须实现的目标

品牌包装是企业的无形资产，最原始的目的是让人们通过一个比较容易记忆的方式来记住某一产品或企业。因此，品牌包装必须以实际载体来表现自己，使品牌包装形式化。品牌包装的实际载体分为直接载体（文字、图案和符号等）和间接载体（产品质量、服务、知名度、美誉度、市场占有率等）。优秀的品牌包装在载体方面表现得非常突出，如"可口可乐"的文字，一眼就能使人联想到可口可乐的品牌承诺——"爽"。[①]

为了达到产品营销的目的，必须正确选择包装的美学成分和功能成分。

美学成分指包装的尺寸、形状、材料、颜色、文字和图案，即包装的直接载体。通常，消费者对品牌最强有力的联想来自产品的外观，外观是品牌认知的重要途径，能传递或强化品牌联想。

功能成分最关键的是结构设计，各领域产品的包装功能都在随着消费者需求的不断改变而改进。以食品产品的包装为例，从过去的一

[①] 参见《可口可乐发布全新品牌理念"Real Magic 畅爽带劲，尽享此刻"》，搜狐网，2021年10月6日。

次性封口演变到如今的可多次封口、防损害、更方便使用（如易拿、易开、可压）。结构性包装的不断创新，能够通过创建差异化来引导消费者认可。

如今，专业的包装设计师都将艺术构思和科学技巧融入包装设计中，以满足品牌的各项营销目标。他们的具体做法是将包装分解为若干种不同的"元素"，并找出每种元素的最佳外观和内容，然后排列各种"元素"的重要性，即哪些元素（如品牌名称）应当在包装中占主要地位，哪些元素（如说明文字）虽然占据主要位置但要调小字体，哪些元素（如配方、原产地、生产地等）只需占据次要位置，哪些元素（如生产日期）虽然占据次要位置但要格外突出，确定这些元素应当如何相互组合。

包装设计师经常提到一个词语"货架效应"，即包装能否使放在货架上的产品具有强烈的吸引力，并有助于产品脱颖而出。在某些品类中，产品之间几乎没有什么差异，包装创新至少能在短时间内提高竞争力。因此，包装被认为是创建品牌资产的极简途径。在一些行业中，包装有时被称为"营销的最后5分钟"或"永久的媒介"。沃尔玛非常重视包装，并且会测试顾客在3秒钟内或距离货架15英尺（4.572米）能否从包装上理解产品的品牌承诺。[①]

现在流行网上购物，没有了实体店可以拿在手中看的便利，消费者只能通过计算机或手机查看商品的图片与介绍。在这种情况下，产品包装的重要性不减反增，具有吸引力的包装总能最先吸引到消费者的目光。以京东商城食品类下的坚果炒货品类为例，打开页面可以看到琳琅满目的商品，选择困难症立即发作，此时除了品牌优势和价格元素外，包装就是很重要

---

① 参见《设计师一定要懂的包装设计思路》，搜狐网，2018年12月1日。

的选择标准了。毕竟能冲到第一页的商品都不是"吃素的",选谁都有道理,所以很多人干脆就奔着包装漂亮的商品下手,不仅要吃着舒服,还要看着舒服。

第五章
品牌新视野：设计营销方案与进行营销活动

最高级的营销不是建立庞大的营销网络，而是利用品牌符号，把无形的营销网络铺设到社会公众心里，把产品输送到消费者心里。因此，品牌营销是通过市场营销使消费者形成对企业品牌和产品的认知过程。

品牌调研：打造优秀品牌的基本功

进行品牌营销的第一步是做品牌调研。品牌调研的作用是对企业内外部进行一次综合梳理，主要包括以下三个方面。

（1）对外宣传"我是谁"。品牌能给消费者带来怎样的不可替代的价值，力争在未来成为消费者心目中的首选，甚至是唯一选择。

（2）在企业内部凝聚共识。认真研究和理解企业创始人/创始团队、高层管理成员、骨干成员对企业和品牌未来发展的期待，以及对他们个人成就与成长的诉求，力求让创始团队达成创业梦想，让高层管理成员和骨干成员的个人发展意愿与企业和品牌的发展蓝图紧密结合起来。

（3）对企业外部有足够了解。了解企业和品牌在重点用户、供应商及合作伙伴心目中的印象，并洞察用户、供应商及合作伙伴的需求，明确用户、供应商及合作伙伴希望企业和品牌解决的问题；对主要竞争对手、经营及宏观环境进行深入研究，以便为企业和品牌的强势发展奠定基础。

对企业进行全方位的品牌调研，对于企业和品牌现状做盘点，是企业打造强势品牌的基础。[1] 下面是进行品牌调研的七个关键点。

---

[1] 参见《品牌调研是建立品牌战略的基础I—一文看懂如何进行品牌调研》，搜狐网，2022年4月14日。

1. 创始人/创始团队的战略意图调研

企业如同企业创始人/创始团队的"孩子",这个"孩子"将来要长成什么样,归根结底还是"父母"说了算。因此,企业要打造强势品牌,创始人/创始团队的理想抱负、战略意图就显得尤为重要。

通过对企业创始人/创始团队的调研,可以了解企业的发展历程、战略规划、经营规划、内外部资源规划、业务发展与竞争发展、组织结构与管控等内容。根据调研结果,帮助创始人/创始团队树立"从哪里来,到哪里去,有哪些资源,选择什么路径"的核心问题(见表5-1)。

表5-1 创始人/创始团队的访谈提纲

专题	访谈问题
发展历程	请简单介绍企业的发展历程,并重点介绍影响企业发展的里程碑事件。 请简单介绍企业现在的经营状况和发展中遇到的主要问题,以及在行业中处于什么样的位置。
战略规划	企业是否有具体清晰的战略规划? 请介绍企业未来的发展方向及目标。 请简要介绍对企业未来发展前景的看法,包括对行业、市场以及对宏观影响因素的理解,会给企业带来的影响。
经营规划	目前企业有哪些主要业务? 哪些业务板块是企业的核心业务?各板块存在哪些优势和劣势,以及分别所面临的机会和困难是什么? 从自身期待出发,希望企业未来5—10年在业界达到什么样的水平和地位?达成的要点是什么?
内部资源规划	企业目前具备哪些核心能力、资源? 根据企业的发展目标,未来3—5年企业应具备哪些核心能力?还有哪些不足或与竞争对手相比较弱的因素?
外部资源规划	企业在政府、行政主管部门、协会、商会、行业、展会等方面有哪些优势资源? 如将企业定位为某细分行业的领导品牌,则上述外部资源可进一步提升的空间在哪里?如何快速改进? 以企业当下的资源,能构建什么样的机构和平台来更好地对接和整合这些外部资源,使其为我所用?

续表

专题	访谈问题
业务发展	企业上一年度的业绩目标是多少？主要增长点有哪些？主要困难在哪里？ 企业如果要完成业务发展目标需要重点做好哪个业务板块的工作？为什么？ 对过去几年（一般3—5年）的业务发展持何种评价？哪些方面值得改善？哪些问题亟待解决？ 企业本年度需要做好哪些工作，才能为完成发展目标提供强有力的支持？
竞争发展	针对目前企业经营的业务板块，相对应的直接竞争者有哪些？ 直接竞争对手的核心竞争力是什么？企业采取了哪些应对措施或竞争策略？
组织结构	现行组织结构的形成是否有其历史渊源？ 从企业的战略目标出发，现行的组织结构存在哪些问题？如何调整？
管控管理	企业重大事项的决策如何进行？ 对企业当前管理现状是否满意？如果满意是为什么？如果不满意，存在哪些问题？导致这些问题的原因是什么？对解决这些问题有哪些建议？

2. 高层管理人员的发展意图调研

企业就像一艘船，航行是否顺利，船长和大副很重要，但其他高级负责人也很重要，他们共同负责安全、高效、低成本地将乘客送到目的地。创始人相当于船长，创始团队其他成员相当于大副，企业内非创始团队的其他高层管理人员相当于船上的其他高级负责人。

通过对高层管理人员的调研，可以了解企业的组织结构、管控管理、营销管理、生产/研发管理、渠道管理等现状。访谈中得到的信息是为企业设计打造切合实际的强势品牌方案的重要依据（见表5-2）。

表5-2　高层管理人员的访谈提纲

专题	访谈问题
组织结构	企业各部门之间的权责是如何划分的？ 目前的组织架构和业务流程是否搭配？如需调整，重点是什么？为什么？
管控管理	企业目前在管控方面存在哪些问题？最突出的问题是什么？对解决这些问题有哪些建议？ 如何看待企业当前的管理效率与决策效率？对此有无改进的建议？

续表

专题	访谈问题
营销管理	对于企业各细分业务市场的开发是如何规划的？ 如何评价企业目前的营销模式？应如何进行调整？ 主要竞争对手采取什么样的营销模式？ 企业营销管理的主要优势有哪些？如何改善？ 企业目前市场营销的组织结构、部门设置、人员素质有什么优缺点？ 企业未来的营销平台应如何搭建？应侧重哪些工作？
生产/研发管理	目前企业对产品、品牌如何管理？主要措施有哪些？ 企业的研发工作进行得如何？是否需要改善？为什么改善？
渠道管理	企业对渠道和用户如何管理？ 主要竞争对手在渠道和用户方面如何竞争？

3. 骨干成员的个人诉求调研

骨干成员在企业的经营管理中起着中流砥柱的作用。他们中有些人在企业内的职位可能并不高，却立足本岗，具备全局视野或特殊技术，能站在企业发展的角度思考问题，能在企业急需的时候以实际能力提供帮助。

在企业打造强势品牌的过程中，一定离不开骨干成员的深度参与和落地执行，因此，认真对他们进行调研，听取他们对企业发展的设想和期待，对部门发展的设想，以及对自己成长的规划，并将这些设想与规划有机结合到企业品牌打造的过程中去，才有利于品牌建设最终目标的实现（见表5–3）。

表5–3　骨干成员的访谈提纲

专题	访谈问题
基本情况	工作中最大的困惑和难题是什么（各举出三点为宜）？应该如何改进？ 期待企业的最佳状况是什么样的？结合目前情况，有哪些地方有待提高？ 希望获取哪些外部资源，以帮助企业更好更快地发展？

续表

专题	访谈问题
团队情况	企业组织结构、主要职责、销售政策、团队主要成员等方面的优势和存在的问题分别有哪些？如何改进和优化？
	团队沟通是否顺畅？如果不顺畅，问题出在哪里？如何改进？
	是否有组织开例会、进行培训？已经组织了哪些类型的团建活动？
	企业内各职能部门配合是否默契？是否存在"部门墙"？有哪些成功之处？存在哪些问题？如何改进和优化？
业绩情况	上一年度，各区域/行业市场销售业绩如何？成功之处和存在的问题分别有哪些？如何改进和优化？
	上一年度，主要渠道商/合作商业绩如何？成功之处和存在的问题分别有哪些？如何改进和优化？
	目前销售政策是否合理？若不合理，应怎样改进更有利于企业销售业绩的增长？
	下一年度，如何落实企业制定的业绩指标？
市场情况	企业主要的目标市场有哪些？
	用户的采购流程和决策机制是什么样的？谁最后拍板？货款结算是否及时？有哪些关键环节需要把握？
	重点目标市场的用户需求有哪些？企业/品牌怎么做才能让他们愿意和企业合作？
	目标用户对哪些产品有新需求？希望企业/品牌提供哪些更好的服务？如果能做到，是否会促进销量增长？
对手情况	主要竞争对手有哪些？分别有哪些优势和特点？
	在竞争中，企业/品牌应设置哪些壁垒来屏蔽对手？
	多次听到用户反映某家竞争对手产品或服务不好的主要原因（3个）是什么？
	目前客户之所以选择本企业/品牌的产品和服务的主要原因（3个）是什么？
	企业/品牌常被用户提及的不足之处（3个）是什么？
营销情况	主要的产品线有哪些？如何改进产品线才会让销售更顺畅？
	哪些产品销售容易？为什么？
	哪些产品销售困难？为什么？
	在销售中，反复向用户提及的、最能打动用户的企业/品牌的产品和服务的特点（3个）是什么？
	现有市场推广方法、工具、策略有哪些？如何加强才能更有效地实现销售转化和业绩达成？

续表

专题	访谈问题
支持情况	目标用户平时关注哪些行业媒体和专业活动？企业/品牌是否可以借此促销？ 企业的技术服务（售前和售后）跟进是否及时？存在哪些问题？ 企业供货是否及时？存在哪些问题？ 企业的产品质量和服务质量是否稳定？存在哪些问题？ 企业的客户体验是否高效？存在哪些问题？ 希望当前整合哪些政策和资源支持，才能让企业业务发展得更加顺畅？

4. 重点用户的印象调研

品牌既是企业在用户心中的印象，也是企业留置在用户心中的资产。重点用户调研的目的是帮助企业明确未来的品牌发展方向、业绩的增长来源，更好地为用户提供最佳解决方案。要想在目标市场和用户群心中打造首选或唯一的品牌印象，必须知道以下两个问题。

（1）目前企业在用户心中的印象如何？

（2）用户最期待企业成为一个怎样的存在？

问题看起来简单，但实际想得到有价值的答案却非常困难。因为用户不会主动跑过来告诉企业"你要怎样做，我们才满意"，或者即便想告诉企业，也不知道如何清晰表达，有时候企业与用户的沟通并不理解。企业必须将众多用户心中的"我们"的印象碎片拼接起来，获得用户心中完整的"我们"和最期望达到的"我们"。

因为重点用户对企业的品牌和产品有非常深入的理解，因此企业有必要就品牌和产品在重点用户中的使用情况、存在问题、未来优化和改进方向等问题，认真听取他们的意见和建议（见表5-4）。

表5-4 重点用户的访谈提纲

专题	访谈问题
用户反馈	目前本企业产品在贵企业项目中的使用情况如何（或目前您使用本企业某产品的具体情况如何）？使用部门的反馈如何（或具体使用人员的反馈如何）？主要有哪些意见和建议？ 本企业的技术服务响应是否及时？支持是否到位？有哪些需要加强的地方？ 贵企业（或您）所接触到的本企业相关人员的素质如何？是否专业？服务意识是强是弱？有哪些地方需要改进？ 本企业应如何配合贵企业的项目（或您）来设计解决方案，才会让贵企业（或您）的采购（或购买）和使用流程更简单顺畅？ 贵企业（或您）之所以选择本企业产品，是因为本企业哪些方面做得比较好？是产品质量比较可靠？是技术服务跟进及时？是品牌信誉好？还是其他原因（具体阐述）？
支持体系	贵企业（或您）平时关注哪些行业媒体和专业活动？ 贵企业（或您）觉得本企业的产品和服务还能做哪些改进，会让销售变得更顺畅？ 贵企业（或您）觉得本企业的销售政策是否合理？如何改进会让贵企业（或您）再次采购（或购买）或进行推荐？ 贵企业（或您）与本企业销售的日常沟通方式有哪些？多久沟通一次？主要谈及哪些内容？是否有定期业务沟通？是否有书面沟通工具（如报表等）？其他企业/品牌做得好的地方有哪些？贵企业（或您）给本企业的意见和建议有哪些？ 贵企业（或您）对本企业的采购流程满意吗（可先大体描述采购流程）？有哪些环节不够顺利？可以做哪些改进和优化工作？ 贵企业（或您）希望本企业提供哪些政策和资源支持，才会让业务发展得更顺畅？
方案优化	贵企业（或您）认为目前本企业的解决方案最让贵企业（或您）满意和最让贵企业（或您）不满意的分别是什么？什么样的产品解决方案是贵企业（或您）认为的最理想的解决方案？ 本企业在本年度将实行项目部制，专门为重点用户提供产品解决方案和全面技术支持，贵企业（或您）对此有何宝贵建议？ 为了对贵企业项目（或您）提供更加完善的解决和保障方案，本企业项目部拟在本年度与重点用户进行深度沟通和对接，以便贵企业相关部门（或您）可以更加省心、省时、省力、安全地使用本企业的产品，贵企业（或您）对此有何宝贵建议？ 本企业能帮助贵企业（或您）做些什么，才会让贵企业（或您）对我们的依赖度增加？

5. 供应商及合作伙伴的共赢关系调研

企业能够长期经营，靠的不仅是自身努力，还有上游供应商与上下游合作伙伴的互惠共赢。尤其在遭遇外部经济环境波动的时候，能否与供应商和合作伙伴相互支撑、友好协商，不仅关系企业能否渡过难关，更是企业综合竞争力的体现。因此，对供应商及合作伙伴经营状况与未来发展趋势进行市场调研就显得尤为重要。

企业经营阶段的不同，所面临的与供应商及合作伙伴之间的关系也不同。下面以成长型企业为例，看看这类企业如何对供应商及合作伙伴进行调研（见表5–5）。

表5–5　成长型企业供应商及合作伙伴的访谈提纲

专题	访谈问题
企业概况	请简单介绍贵企业的基本情况，如经营几年？现有多少人？技术人员和销售人员分别多少？年营业额大概多少？本年度销售额多少？最近3年销售情况如何？利润率及回款情况如何？
行业状况	请简单介绍贵企业所在行业的状况。 贵企业销售额在市场上的占比。 目前贵企业市场涵盖了哪些地区？ 目前与贵企业有竞争关系的企业主要有哪些？
合作目的	贵企业主要为本企业提供了哪些产品和服务？ 贵企业近期和本企业的合作是否顺畅？若不顺畅，有哪些瓶颈和困难？ 贵企业还有哪些重点合作对象（企业）？与这些企业的合作中，有哪些比较好的做法可以供我们一起学习借鉴？ 贵企业与本企业采购人员的沟通是否顺畅？ 贵企业与本企业的合同签订和履约状况是否及时、准确、详细？如果有问题，有哪些需要改进的地方？ 贵企业对与本企业继续深化合作有哪些设想和建议？

续表

专题	访谈问题
供应保障	（近期外部经营环境波动大）贵企业对保障供应链有哪些预案和措施？ （近期原材料价格波动大）贵企业对保障供货价值的稳定性和可控性有哪些预案和措施？ 贵企业对品质控制有哪些保证措施？
未来发展	贵企业未来几年（3—5年）的发展规划是怎样的？是否有足够能力响应本企业未来的产能增长需求？ 贵企业未来在研发、生产方向方面有哪些设想？是否有能力与本企业协同进行产品设计和开发？

6. 主要竞争对手的博弈关系调研

竞争是残酷的，但并非所有竞争都是你死我活的零和博弈，很多时候其实是"你是苹果，我是梨"，以各自专场和优势为消费者提供不同的解决方案。但竞争毕竟是存在输赢成败的，谁都不希望成为输掉的一方，因此，搜集竞争对手的信息并加以分析，有利于知己知彼地展开竞争，向消费者提供别人不可替代的产品优势信息。

竞争对手信息搜集与分析是企业打造强势品牌的重要工作，鉴于企业不同经营阶段所面临的竞争环境的不同，在此向大家列出处于竞争激励阶段的成长型企业的竞争对手信息的搜集要点与途径。

要点：

（1）基本情况——注册资金与地址，股东情况，创始人/创始团队情况（姓名、年龄、教育背景、主要经历、过去业绩等）。

（2）资产情况——现有固定资产多少，投资总额共计多少，企业总价值多少。

（3）人力资源情况——现有员工人数（中高层管理人员数量、销售人员数量、研发人员数量、生产人员数量等），外协人员及情况。

（4）组织架构——企业内部从最高领导者到最基层员工的层级划分，

组织内部门的划分（层级制、扁平制、网格制等）。

（5）营销体系——渠道分布和人员配备，渠道管理模式和特点，主要销售区域和市场份额，主要经销商及销售业绩，售后服务组织。

（6）主要产品线——产品定位与价格，用途、使用范围及优缺点，竞争企业和品牌，销量（总销量、年销量等）。

（7）竞争产品线——与本企业产品线形成竞争关系的产品线的优势和劣势、产品定位、产品定价与年销量。

（8）库存及供应链——主要产品来源、供应链情况，以及库存、物流、采购主要负责人和管理流程。

（9）评述——综合评价竞争对手的营销策略和举措，并提出应对措施和方案；综合评价竞争对手的综合竞争力，并提出应对措施和方案。

途径：

（1）产品样本册。产品样本册是最常见的企业信息载体，对主要竞争对手的产品样本册要及时收集与按时间线存放。

（2）相关新闻报道。企业的市场部要有专人负责舆情搜集和整理工作，以及时发现竞争对手的新动向。

（3）企业软文及广告。软文和广告中蕴藏着竞争对手产品的最新诉求点，对此及时了解与分析，可以更准确地找出对手的强点与弱点。

（4）用户案例和反馈。了解和分析竞争对手与其用户之间的完整合作流程，可以及时掌握对手的最新定位和发展战略。

（5）重要展会、展台的图片。展会是企业实力和品牌诉求、新产品集中展示的场所，通过大量的图片可以深入挖掘对手的隐藏信息。

（6）发表的论文与报告。竞争对手主要负责人及骨干发表的论文和报告，经常会展现一般途径得不到的对方产品信息。

（7）其他资料。凡是与主要竞争对手有关的资料，都是获得信息情况的重要渠道，多多益善。

7. 经营及宏观环境调研

经营企业，离开了大环境，就像龙离开了水，虎离开了山，有再大的本事也难以施展。因此，顺应国家政策导向，把握经济运行规律，洞察社会风向趋势，善于借力新兴科技，是企业在大环境下打造强势品牌的前提（见表5-6）。

表5-6 企业经营大环境综述

政治环境	经济环境	社会环境	科技环境
政府/组织态度	经济增长或下降	收入分布	政府研究支出
税收政策	商业周期	人口统计与年龄分布	产业技术关注
环保制度	利率与货币政策	劳动力与社会流动性	新型发明与技术发展
消费者保护法	经济调控	生活方式变革	技术转让率
相关法律规定	失业率	社会福利	技术更新速度
各类安全规定	通货膨胀率	消费者信心	能源利用与成本
竞争规则	征税	企业家精神	信息技术变革

品牌塑造：优质产品是最好的传播媒介

小米创始人雷军说过："好产品自己会说话。"[①] 产品是一个品牌的核心，也是保持品牌生命力的关键。无论品牌怎样宣传，消费者购买的始终是产

[①] 参见《如何理解"好产品自己会说话"？》，搜狐网，2017年4月17日。

品,使用、体验的也始终是产品。广告只能让消费者在短时间内对产品产生兴趣,而不会让他们成为产品的忠实用户。消费者究竟会如何看待一个品牌,必须通过他们对产品的切身体验来决定。

品牌的定义有千万种,英国传播学家丹尼斯·麦奎尔认为,品牌的基础永远是提供更好的产品,与竞争对手相区别。

"德国制造"向来是高品质的代名词,很多德国企业只专注于细分领域,不急于扩张,甚至根本不想扩张,也不做营销,很多企业连广告都不做,坚信"极致的产品会说话",产品口碑比任何广告营销都对消费者有吸引力。因此,在德国有很多"隐形冠军"。这些"隐形冠军"企业的公众知名度不高,在专业细分领域却处于领先地位。

Sinn(辛恩)是德国一家知名的专业手表品牌厂商,以品质出众的军用及飞行员手表享誉世界。1961年,赫尔穆特·辛恩以自己的名字为品牌在法兰克福开始制造飞行员专用的手表。当时的 Sinn 手表都是直接由工厂售出,没有经销商销售,也没有广告,以极高的价值、一级的品质和最划算的价格在飞行员之中很快流传开来。如今,Sinn 是特种表行业的"领头羊",所有手表都以提供最大的功能性来满足专业人士对强悍与完美的要求而闻名。

Sinn 公司为了制造能在各种极端条件下应用的"精准计时工具",研发了多项专利技术,如氩气除湿技术、滴定技术、高硬度防刮技术等。这些技术有自主研发的,也有借鉴其他行业现有技术改进的。Sinn 公司将各项顶尖技术运用到制表业中,解决了手表在极端环境下显示不清、走时不准、潮湿进水、容易碎裂的问题。

Sinn 公司始终保持员工总数中有 15%—20% 的员工是研发人员,但关于手表设计却不是研发人员全权解决,而是广泛听取各方意见,尤其是与消费者频繁接触的一线销售人员。无论是从业多年的老员工,还是刚入职公司的实习生,都有资格对设计提出自己的建议。Sinn公司从未找过明星代言,也不屑于做广告,而是将这部分资金节省下来用于对员工的技能培训和企业文化建设,公司的每位员工都对产品富有责任感,将组装一块顶级、符合标准的手表视为自己的使命。这种企业与员工的双向认同使员工的流动率大幅降低,让他们生产的产品始终保持极高的品质。①

品牌不是凭空产生的,任何一个品牌的诞生都是从产品开始的。能经历市场风云而屹立不倒的品牌必然有着过硬的品质。星巴克的成功始于对每一颗咖啡豆的精挑细选,奔驰的成功得益于每年7000多次的模拟撞击和100多次的真车撞击所锻造的安全保证。

好的产品都有属于自己的独特语言,消费者可以通过产品设计看到企业的责任心和使命感,了解企业想向大众传递的内涵。"酒香不怕巷子深",好产品自己会说话,不仅能让产品靠技术和质量博得消费者喜爱,也能让产品本身形成自传播的局面。产品本身成为最好的传播媒介后,主动表达就是带有独特品质的信息。

品牌受众:种子用户的拉取方法

种子具有生命力且经过培育可以持续生长。种子用户也具有同样的特

---

① 参见《德国手表制造商 辛恩推出EZM9型潜水腕表》,搜狐网,2014年9月25日。

征。作为第一批体验和使用产品的用户,种子用户能够为品牌建设提供较大助力。种子用户的数量不在于有多少,而在于对品牌传播的价值。例如,某酒店推出新菜品,先让一些住客品尝。此时酒店不在乎有多少人知道这个品牌,而在乎品尝者能否给出可供参考的真实反馈。因此,这类能够为新产品做出最原始贡献的用户群体,就是种子用户,需要被企业重视。

并非所有人都能当种子用户,品牌选定的种子用户或者能够吸引到的种子用户是有一定条件的,满足条件才能被引为种子用户。[①]下面介绍品牌拉取种子用户的方法。

1. 非公开渠道的大范围获取

非公开渠道指品牌不通过市场常规渠道链接用户,而是借用专业技术或专门通路打开渠道,使用户在不知不觉间就被产品带入使用阵营中。

一般手机内的预安装就是非公开渠道。在过去,手机软件预安装是看有多少装机容量和用户花多少钱。随着商业模式的成熟,预安装的软件厂家会与手机生产商深度合作,将产品直接植入手机。

例如,某美颜相机类 App,就与手机生产商展开深度合作,将该美颜软件直接植入手机自带的相机中,与手机厂家共享用户。当然,能进行这样深度合作的前提是,合作的双方可以取得价值互惠,即双方互相帮助对方实现更好的运营目的,这就要求双方的产品都具有独特的价值。

2. 公开市场渠道精准获取

一款产品上市后,下边要做的核心工作就是通过各种渠道宣传推广产品,待第一批用户进来后,再开始用户运营工作。在实际操作中,通常是选择产品推广渠道的同时,就开始为用户运营铺路,注意渠道本身的自有

---

① 参见《拉取种子用户的 4 种方法》,人人都是产品经理网,2017 年 6 月 15 日。

活动，尤其是公开市场渠道。

小米公司连续多年在4月举办"踏青季"活动，"6·18"又做电商"消费季"，产品团队提交新品到活动中去吸引用户的注意，在活动期间购买或关注产品的用户基本都是对小米产品感兴趣的，在这些老用户中进行新种子用户的转化，其成功率一定要高于普通用户的转化。

3. 主流渠道的短平快创新

因为主流运营渠道面对的潜在用户群体过于庞大，因此在主流渠道进行品牌推广，运营团队必须首先确定：推广品牌的目的是什么？要吸引什么样的用户？吸引到的用户是不是品牌所需要的高价值的种子用户？明确这三个问题，才能保证种子用户的质量。

微信是国内目前主流的营销渠道之一，利用微信进行品牌营销是对传统品牌营销的颠覆。微信用户可以通过朋友圈分享图片、文字、音乐；微信好友可以对朋友圈中发布的内容进行"点赞"和"评论"。运营团队在通过朋友圈向潜在用户推广新产品的同时，也能获取种子用户对产品的关注。[1]

还有一些营销性质明显的产品，其本身就是一个社区，可以将产品信息发布上去，收集种子用户，并对种子用户进行实时跟进，建立后续沟通路径。例如，某款刚诞生不久的健身软件App在微博上发帖子，召集热爱健身的人一起达成某项健身目标。从数量上看，转发帖子的用户有300多个，回复的用户则有400多个。虽然用户数量不多，但因为是直接连接目标用户，这些新获取的种子用户的转化率很高。

---

[1] 王艳玲、李宸：《微信公众号的传播特性及其营销优势》，人民网，2017年12月12日。

品牌导入：利用种子用户完成品牌冷启动

新产品的知名度是硬伤，即便是大品牌开发出的新产品，也存在能否得到用户信任的问题。因此，种子用户必须具有极高的含金量，才能在产品数量极少的阶段为品牌开拓出一条光明之路。

种子用户应该具备的特点如下。

（1）参与度高。自身的态度会影响到工作效率和工作质量。种子用户必须具备愿意尝试新鲜事物的精神，必须表现出强烈的参与积极性，只有真心参与、主动参与、多次参与，才能获得准确的第一手感受。那些带着敷衍、排斥态度的人都不适合成为种子用户。

（2）表达能力强。新产品想要获得最初的体验感受，只有通过种子用户。因此，种子用户需要在体验产品后提出自己的看法和意见，还可能涉及更细化的测评内容，这就要求种子用户必须具备超过一般水平的表达能力，能够尽量将他们对产品的感受全面、清晰地表达出来，将隐性信息转化为显性信息，让产品运营人员能更快、更好、更全面地接收到。

（3）需求清晰。有需求才有欲望，有欲望才有体验，有体验才有感受。种子用户必须具备比普通用户更强、更清晰的需求性，才能知道自己需要体验怎样的产品，在哪些方面进行更深层的体验。如果相关新产品是符合种子用户喜好或能够帮助种子用户解决问题的类型，那么种子用户会为了自己的切身利益认真投入运营者交付的工作中。

（4）具有传播能力。种子用户必须具备一定的传播能力，最好是 KOL（关键意见领袖），以提升新产品的推广效果。种子用户的影响力越大，其个人价值越高。

上述种子用户的特点也是他们的优势。能认识到种子用户的价值所在，并能切实利用品牌，便具备了将品牌做大做强的能力资本。品牌发展初期往往存在许多问题，需要种子用户成为产品的使用者，通过前期冷启动来实现后期热爆发。品牌冷启动就是在发展初期将目标用户中具有高价值的一小部分转化为种子用户的过程。[①] 制定品牌冷启动方案可以参考以下四种方式。

（1）生产优质内容。流量为王的时代，内容堪称王中王，只有优质的内容才能迅速得到消费者的关注，增加粉丝数量。因此，企业不仅要生产优质产品，还要生产优质内容，进行品牌预热期的冷启动，这也是让显性成本最低的方式。

（2）推出相应活动。火爆的内容和相应的活动是相辅相成的，相互产生作用。火爆的内容如果没有与之相应的活动相结合，最后能吸引到的消费者数量也不会乐观，因为参与感是增强消费者与品牌连接的桥梁，越深入参与，消费者对品牌的认识就越深入。反之，如果没有好的内容，只进行大范围的活动推广，真正能推广成功的范围也是有限的，毕竟没有消费者愿意主动为不好的内容做推广。

（3）全面利用渠道。渠道包括企业/品牌的自有渠道，以及各种合作渠

[①] 参见《新品牌如何冷启动，才能获得快速成长》，人人都是产品经理网，2022年7月9日。

道。企业/品牌需要将自己能够利用的渠道全部动用起来，如果做不到这一点，就要反思企业/品牌经营过程中或者活动策划本身是否存在问题。

（4）引起媒体关注。如果能够制造噱头，吸引媒体注意，借助媒体强大的传播力帮助企业宣传推广，冷启动的效果一定非常好。但要注意，只有将前三点都做到位的情况下，吸引媒体注意才能达到正向效果，否则可能出现负向效果。

品牌IP：借助联合营销扩大品牌影响力

不知从什么时候开始，品牌IP化被炒得风生水起，很多企业都试图打造自家的品牌IP，让品牌在市场上更具声量和辨识度。

品牌IP具有高辨识度、互动性和娱乐性等多种特性，同时作为可凸显品牌个性和社会价值的ICON（偶像），可以让品牌具备持续的传播力，精准触达消费群体。[1]

虽然品牌IP对企业的重要性越来越大，但究竟什么是品牌IP，并非所有人都清楚，很多人只是看到品牌IP经常在一起出现，就认为品牌和IP是同一概念的不同说法。其实，品牌和IP有着明显的区别，企业想打造品牌IP，一定要对两者有清晰的认识。

企业打造品牌是为了追求价值和文化上的认同，好的品牌可以达到可持续的、带来超额利润的销售目的。IP是创造者创造出来的知识产权和独

---

[1] 参见《品牌IP化的误区》，搜狐网，2021年12月3日。

享情感或思想专利，本质上是为了打造品牌。IP可以通过持续不断地输出人格化的相关内容，维持其传播力和影响力。例如，米老鼠和唐老鸭都是IP，迪士尼是品牌，米老鼠和唐老鸭是为了打造迪士尼的品牌而创造出来的。因此，IP提供给消费者的不只是产品的功能属性，而是一种情感寄托。消费者喜欢一个品牌是在理性选择上的感性移情，而喜欢一个IP是一种感性的投入，即单纯地"走心"。优质IP的养成必须经过时间的沉淀，高质量的IP必须具有一定内涵，可以实现与消费者的交互和价值认同。

品牌IP的直译为知识产权，谈到知识就离不开内容，内容堪称IP的灵魂，是连接消费者情感沟通的桥梁。企业要想打造IP，一定要具备原创内容的能力，并保证内容的独特性和持续输出。就像迪士尼旗下诸多有代表性的IP，持续不断地推出新作品，成就迪士尼品牌的长久生命力。

不同的原创性内容需要配备不同的能力，一个领域细分需要深扎，多个领域融合需要创新，再生产则需要借助联合营销扩大品牌影响力。[①]

联合营销分为内联和外联两个层次。内联是在品牌内部或同领域内进行IP的强强联合，外联是延伸到品牌外部与不同领域的其他品牌进行品牌的强强联合。因此，内联是纯IP层面的，外联则是借助于IP品牌层面的。

举内联的例子，就不能不说到最近十几年火遍全球的漫威系列电影。漫威的超级英雄彻底擦亮了漫威动漫品牌的招牌，曾经漫威的英雄们只存在于漫画书中，后来零星地被搬上大银幕，自成体系地践行着"人间正义"。但漫威英雄在漫画中本来就是同系列的，只是出场的前后顺序不同。于是，漫威决定将这些超级英雄与大反派都搬上大荧幕，且各自有故事，

---

① 参见《别样的IP联名营销，国内外成功案例点燃创意火花》，搜狐网，2023年7月14日。

又归为同一体系，叫作"复仇者联盟"。钢铁侠第一个出场，绿巨人紧随其后，雷神和美国队长也赶来助战，加上鹰眼和黑寡妇，"复联"原始六人组成员到齐。后来又陆续加入了银河护卫队的几名成员，蚁人、奇异博士、蜘蛛侠、黑豹、惊奇队长也在相继讲述了各自的故事后，加入了"复仇者联盟"的大家庭。

这些"复联"里超级英雄都是漫威动漫品牌的 IP，他们终于在漫画书出现多年后，在大荧幕上实现了聚首。这些超级英雄的故事推动了漫威品牌的发展，而一个个超级英雄也因此成了真正的超级 IP，他们都有各自的账号，与粉丝进行互动。即使钢铁侠为了拯救地球战死了，他的粉丝依然忠诚他；即使黑寡妇为了人类的命运献出了生命，她的粉丝也会永远怀念独一无二的"寡姐"；即使美国队长换人了，他的粉丝也从未离去。漫威作为最成功的 IP 制造工厂之一，通过设计一系列极具代入感和共情能力的超级英雄形象，讲述他们之间的故事，打造出陪伴一代代漫威迷的梦幻世界。那个世界里有斯塔克大厦，有瓦坎达，有山达尔星，有阿斯加德，有黑曜五将……

"复仇者联盟"的内联在取得了巨大成功后，又有了更大的突破，在《奇异博士 2》中出现了"X 战警"系列中的主角 X 教授。"X 战警"也是漫威旗下的超级英雄团队，在漫画中与"复仇者联盟"就有交集，这次在大荧幕上也算实现了跨联盟合作。

举了外联的例子，我们将视线拉回到国内，浙江卫视《喜剧总动员》第二季的赞助品牌是良品铺子。良品铺子的定位是希望消费者在零食的陪伴下开心地笑，用心地生活，本质上与《喜剧总动员》崇尚正能量、创造欢乐的价值导向十分吻合。全家一起观看《喜剧总动员》的场景正好契合良品铺子的消费场景。良品铺子的广告植入大获成功，根本原因就是选择了与其自身品牌定位相符合的其他品牌 IP 进行合作，实现了"1+1＞2"的效果。

再看六个核桃与综艺 IP 的合作。六个核桃通过数据分析，结合消费者的需求，选择了与品牌定位和诉求高度契合的益智类综艺 IP 建立强关联。如中央电视台的《挑战不可能》、东方卫视的《诗书中华》、江苏卫视的《最强大脑》、湖南卫视的《好好学吧》等。六个核桃凭借在这些益智类综艺节目中的高频次刷屏，让"经常动脑，多喝六个核桃"的产品主张深入人心，强化了消费者对品牌的认知。

讲述完品牌 IP 的内联与外联的不同层次之后，需要强调价值观对 IP 的重要意义。价值观是超级 IP 最核心的要素。真正的超级 IP 必须有自己的价值观，不是故事层面的快感，也不是短平快消费后的短暂狂热。多样的价值观针对不同类型的人群，可以使不同消费者产生不易变更的认同感，不仅具有传播广度，更具有传播深度。

品牌创意：充分运用"蔡格尼克效应"

品牌营销的方案设计，很多时候并非拼方案的精密程度，而是拼营销创意的系数。营销创意系数高的方案，往往在投放市场之初就会掀起巨大的品牌浪潮；营销创意系数低的方案，即便营销流程设计得非常精巧，甚至几近完美，也难以引起消费者的热情关注。

第五章 品牌新视野：设计营销方案与进行营销活动

现在，要你想出一个高创意系数的营销案例，你能想到哪个呢？向不少同行业人士问及这个问题时，其中有近四成的人居然都在第一时间想到学生时代风靡的小浣熊干脆面的营销。

小浣熊干脆面的营销方案至今仍被奉为品牌营销的经典，在当时营造出了一种近乎全体受众都"上瘾"的魔幻场景。小浣熊的受众基本都是中小学生，导致"上瘾"的导火索是"集齐108张水浒英雄卡"，当时几乎所有中小学生都在吃小浣熊，尤其是热衷于集卡的同学，每天的零花钱基本都花在小浣熊上了，一天吃几包是常事儿，有时候买了也不是为了吃，只是为了集卡。渐渐地，同学们手中重复的卡越来越多，有些人物卡达到几十个。如此高重复率的人物卡并不能打消学生们集卡的热情，总是希望能集全整套的卡片，相互之间尝试了各种办法，如交换、购买希望凑齐整套卡片。但是，有些卡片就是不露面，其实背后的套路如今都路人皆知了，不是有的卡片印得非常稀少，就是干脆就少印几个人物卡片。眼看着小浣熊越吃越多，可是一些稀缺人物却始终集不齐，很多人退而求其次，哪怕集齐序号挨着的部分人物也行。正是这种近乎疯狂的收集背后，让小浣熊的销量连续多年保持在极高位，成为那个时代的营销翘楚。

虽然现在已经对小浣熊的营销套路很清楚了，也不会有人再为了集齐一套什么东西而大量购买某种商品了，但小浣熊营销的策略非常值得研究，为什么简单的一套"108张水浒英雄卡"就能让学生们"上瘾"呢？[1]背后的核心因素是蔡格尼克效应。

蔡格尼克效应是立陶宛心理学家布尔玛·蔡格尼克通过一项记忆实验发现的心理现象。他发现，人们天生有一种做事有始有终的驱动力，人们

---

[1] 参见《史上最残忍的骗局——水浒卡》，搜狐网，2018年8月9日。

会忘记已完成的工作，是因为想要完成的动机得到了满足，如果工作尚未完成，欲完成的动机便使得人们对此项工作留有深刻印象，一直渴望能够完成。

该项实验的具体过程是，蔡格尼克要求被试者每人都要做22项简单的任务，如写下一首喜欢的诗，从55倒数到17，把一些颜色和形状不同的珠子按一定的模式用线穿起来等。完成每项任务所需要的时间大体相等，一般为几分钟。在这些任务中，只有一半允许做完，另一半在没有做完时就受到阻止。每名被试者允许做完和不允许做完的任务出现的顺序是随机排列的，也就是每名被试者做完的任务和未做完的任务都不相同。实验做完后，蔡格尼克和被试者聊天（内容与做过的任务完全不同），两个多小时后，蔡格尼克突然让被试者回忆自己做过的22件任务都是什么。总结每名被试者的回忆后发现，未完成任务的平均回忆率是68%，已完成任务的平均回忆率是43%。实验结论是：在条件相同的情况下，未完成的任务比已完成的任务更容易被记忆，这种现象就是蔡格尼克效应。①

之所以要详细讲述蔡格尼克效应的由来，是为了让大家更好地理解"为什么人们天生具有做事有始有终的驱动力"，原因就在于人们对未完成的工作有更强的记忆，更想要完成。小浣熊就是充分利用了蔡格尼克效应中阐释的消费者记忆，让人们陷入对"完成收集英雄卡"这件事的驱动中，增加消费购买频率，提升产品销量。

最近几年支付宝"集五福"活动非常火热，很多人为了一张"敬业福"而不断扫福，有些人因为终于集到"敬业福"还犒赏自己吃顿大餐，同样也是蔡格尼克效应的体现。支付宝为了留住"集五福"的热度，每年都会

---

① 参见《产品心理学：蔡格尼克效应》，人人都是产品经理网，2021年5月14日。

增加些新玩法，但不论怎么变化，核心的营销策略都是小浣熊玩剩下的。①

把蔡格尼克效应应用到品牌营销上，就是对"欲望"层面的拓展。通过留给消费者一些不完整的、具有悬念的信息，引起消费者进一步探究的欲望，但消费者基本不可能通过个人努力达成欲望的满足，只有等待品牌方的行动支持，当品牌方提供了交易机会，消费者会展现惊人的欲望满足能力，即转化为实际的消费能力。

品牌激活：老品牌翻红的秘密

世界品牌管理大师大卫·艾克对品牌的描述恰到好处：品牌应该被看作一种财富，就像木材储备一样。如果不考虑未来，把所有储备都耗尽的话，短期效益可能很可观，但财富也在这个过程中遭到了破坏。一个品牌不但不能被破坏，更需人们精心培养和维护。②

一些老品牌之所以不再被消费者认可，就是因为品牌知名度的储备耗尽了，又没有跟随时代的发展变迁及时赋予这些品牌新的力量，导致品牌生命力被提前透支完。

是不是过气的老品牌就必须退出历史舞台呢？对这个问题要分开看，一部分老品牌是必须要退出的，另一部分老品牌徘徊在退出与保留之间，还有一部分老品牌不仅不能退出，还要焕发第二春。

---

① 参见《支付宝集五福开始了！今年玩法超多 扫这张福有惊喜》，CNMO手机中国网，2023年1月10日。

② 参见《David A. Aaker：品牌资产的鼻祖》，豆瓣网，2011年9月28日。

必须退出的老品牌是被时代淘汰的，因为这些品牌产品未能跟上时代的脚步，不得不走向没落。最典型的代表如国外的柯达、摩托罗拉、诺基亚等，国内的泊头火柴、田七牙膏、小霸王等。在各种因素的冲击下，在市场一次又一次的升级之后，这些被彻底落下的老品牌没有了生存的空间。

徘徊在退出与保留之间的老品牌已被时代裹挟到了危险的边缘，与其说"徘徊"，其实说"挣扎"更贴切些，虽然有些老品牌看起来还"活"得挺好，名头仍然很大，但其实很多已是外强中干，只是在努力强撑罢了。

而对于还能焕发第二春的老品牌，虽然年代久远，但这些产品仍有巨大的市场价值，只要重新进行产品与品牌创新，就能再度被消费者认可。笔者在本节要讲的就是这种老品牌。对这种老品牌，如果操作得当，不仅能重新焕发青春，还会继续引领行业发展。下面介绍三种让有价值的老品牌迅速翻红的品牌营销策略，注意必须是有价值的老品牌，不是所有老品牌都能运用下面的方法翻红。

1. 产品创新：品质 + 年轻化元素

在现代市场中，年轻人是主力军，一代年轻人不再年轻了，另一代年轻人又跟了上来，年轻人对于消费市场的贡献永远排在最前面。正因为如此，大多数品牌都信奉一个观点：谁能抓住年轻人的心，谁就抓住了市场。

想抓住年轻人的心，品牌就必须年轻化。其实，很多企业都懂得年轻化的道理，在实际操作中却并不一定都能成功，根本原因是对年轻化的错误认知。这些年轻化失败的企业都只是做了表面功夫，如将包装设计得更活泼，将LOGO设计得更具个性，将品牌名称改得更另类，或是加入当下的流行元素，不管产品与这些元素是否搭，先用流行为自己的产品赚一波噱头。这种"年轻化"是源于对年轻人的刻板印象，而对于年轻一代消费群体的真正需求并不了解。在这种情况下,打着"年轻化"旗号的企业为了更好地获取市场,就会进行一些自认为能够迎合年轻人需求的改变,不仅导致品牌原本的特色丧失了,"年轻化"也并未获得年轻消费者的认可,最终得不偿失。

在这方面,肯德基有着令人啼笑皆非的反面教材。2019 年,为了迎合年轻消费者的口味,肯德基发布了"年轻版上校",由原来和蔼可亲的老爷爷变成了有腹肌、有文身、有美女相伴的墨镜大叔。本想一炮而红,结果却引来了消费者的嘲笑。[①]

盲目迎合年轻人,而没有关注年轻消费群体真正的需求,就无法做到真正的"年轻化"。这一代年轻消费群体的需求到底是什么?对于这个问题,可以从以下两个方面进行分析。

(1)追求个性、品质以及新鲜感。在消费越来越同质化的时代,年轻人更加追求高品质、个性化、新鲜感的生活,青睐一些新奇的、小众的、前卫的产品。如果产品仅仅更改外包装,显然无法满足年轻人的需求,要从产品本身出发,打造出与众不同的卖点去迎合年轻的消费者。网易云音乐之所以受到年轻用户的欢迎,不仅因为那些让全网动容的评论,还源于其中的小众原创音乐。这代年轻人勇于进行探索、尝试,几乎对品牌广告免疫,只为追求新鲜,凸显独特个性。

(2)时尚、独立且多元。随着年轻群体文化水平的普遍提高,对流行文化更加包容,兴趣爱好越来越多元,整体趋向是勇于追求时尚。例如,一个日常生活中的文艺青年,在网络中可能摇身一变就成了"鬼畜"青年;

[①] 参见《肯德基的上校爷爷变成了"小鲜肉",这是虚拟偶像的一次胜利》,界面新闻网,2019 年 4 月 16 日。

一个白天不善言谈的"码农",到了晚上可能就是后海某乐队的主唱;一个论坛上的风云人物,可能是现实中品学兼优的学生弟……年轻人越来越独立,想法越发新奇,行为更加贴近想法。因此,年轻一代的消费群体具有十分强大的创造力,基本所有流行文化都是由他们创造出来的。年轻人对于产品的辨识能力更强,善于从万千商品中发现更合适的和品质更好的。品牌进行产品创新必须要保证品质,在此基础上进行时尚和多元的创新,才能吸引年轻消费者的青睐。

2. 推广创新:跨界+时尚娱乐元素

在肯德基推出"年轻版上校"的同一年,麦当劳这个老品牌进行跨界创新宣传,与老对手的失败形成对比,麦当劳这次跨界推广成功了。麦当劳与Alexander Wang品牌合作,共同发布了一款联名产品——堡包。这不是吃的汉堡包,而是用来装物品的,既有全球限量的黑色篮子,也有十分潮流的黄色手袋,深受消费者的追捧。[1]

麦当劳作为世界顶级餐饮品牌,已经具备了极高的品牌价值,但这次选择跨界联名推销,让人看到了顶级老品牌的时尚创新之心。这样的联合跨界在品牌界早已司空见惯,虽然这种方式会颠覆人们对于品牌原本形象的认知,但也能推动品牌的发展。

身为"国民奶糖"的大白兔是国货老字号,为了更好地满足年轻消费群体的需求,在新时代谋求发展,大白兔进行了各种各样的品牌跨界尝试,取得了非常不错的效果。

2016年3月,美国出现了一款名为大白兔奶糖冰激凌的产品,吸引了

---

[1] 参见《王的黑金|麦当劳 × alexanderwang推出联名定制产品》,搜狐网,2019年12月26日。

大量网友关注，在网上迅速蹿红。冠生园公司却紧急发布声明，表示这款产品并非由公司推出，属于"山寨货"。这次被冒名激发了冠生园公司跨界的灵感，既然挂自己名的冰激凌如此受欢迎，那就顺势推出正版的大白兔冰激凌，单价为25元一杯。为了满足各类消费者的需求，还推出了减量版的大白兔冰激凌球，单价为6元一个。①

跨界冰激凌小试牛刀获得成功后，大白兔开始了第二次跨界，2016年6月全国首家大白兔奶茶店正式营业，短短几天内，大白兔奶茶的"实际交易"价格达到了"天价"，一杯奶茶突破480元！单日销售量突破2000杯。②

此时，大白兔的跨界还属中规中矩，没有离开食品领域，但接下来的跨界就有些"跑偏"了。大白兔进军美妆界了，"兔粉"隐隐感觉到这个老品牌准备搞事情了。

大白兔与"气味图书馆"合作，共同推出了大白兔奶糖味的沐浴露、护手霜、香水等产品。闻惯了各种花香味的美妆产品，突然出来一个奶糖味的产品，消费者当然会十分好奇，因此一经推出就立即引发了巨大的关注，销售量更是持续走高。③

2018年，大白兔又进行了一次跨界联名，和美加净共同发布了大白兔奶糖味的唇膏。平时吃大白兔奶糖，就是因为味道好，如今唇膏也做成了奶糖味，人们也想要尝尝看，这唇膏到底能不能吃！产品预售开始后，920

---

① 参见《美国人疯抢"大白兔奶糖"冰淇淋，他们最喜欢的竟是那层糖膜》，每日经济新闻，2019年3月4日。
② 参见《一杯奶茶炒到480元，60岁的"大白兔"为啥还能这么火？》，搜狐网，2019年7月10日。
③ 参见《拆解"气味图书馆"黑马秘籍，看国民品牌如何破局千亿嗅觉市场？|案例精选》，搜狐网，2021年2月25日。

套唇膏瞬间售罄，后又追加了2万套，也在3分钟内被抢光。很多想买却没买到的网友开玩笑说："我买个唇膏的难度居然和买春运火车票的难度差不多。"相关数据显示，仅在预售期间，产品的曝光量就突破了2.5亿次，传播溢出更是惊人。①

在新时代市场背景下，像大白兔这样主动或被动跨界品牌越来越多，通过跨界合作积极寻求改变，拥抱年轻群体，走在正确的发展之路上。

3. 渠道创新：宣传＋产品售卖渠道创新化

在网络尚不发达的时代，品牌的传播渠道是旧的方式，不仅单一，且缺乏新意。在网络发达的当下，品牌传播的途径可以直接或间接地接触消费者，传播的方式也多种多样，传播渠道从由下而上的单一方式升级为由上而下的多样化方式（见图5-1）。

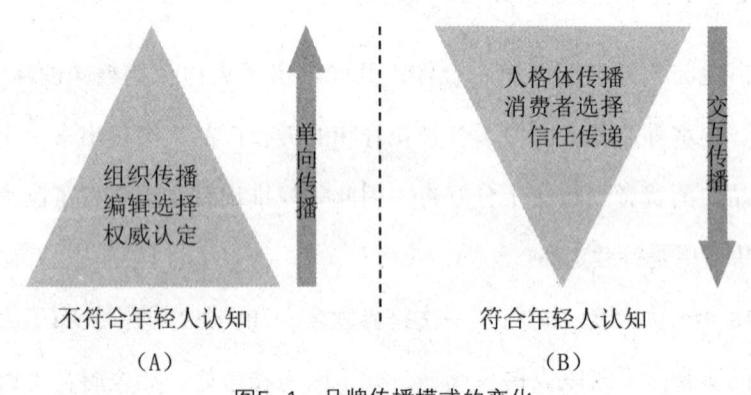

图5-1 品牌传播模式的变化

在图5-1中，（A）图由下而上单向传播，由权威发起传播，由企业内部定义传播，由组织定性传播，与现代年轻人的认知相违背，不符合他们独立、个性、多元、创新等特点，别说影响年轻人，就是吸引年轻人都非常困难；（B）图由上而下交互传播，由品牌自发传播，由消费者自由选择，

---

① 参见《美加净 × 大白兔：奶糖味润唇膏，甜过回忆》，数英网，2018年9月。

由信任加固传播，更符合年轻人的认知模式，更容易被年轻人接纳，甚至可以在年轻人流行圈中形成某种信任传播。

因此，洞察和熟悉年轻人的心理与行为，必须抓住他们的认知特点，以符合他们认知的传播模式进行品牌营销设计。那么，什么样的传播方式更容易让年轻人接受，并符合他们的认知与需求呢？

（1）精抓传播途径。惠普在推出畅游人系列笔记本电脑时，筛选在陌陌上的网红来为品牌拍摄广告，同时在陌陌上投放传播。惠普定位的消费群体是18—28岁的未步入社会或刚步入社会的年轻人，与陌陌平台的主要使用者（19—33岁的用户占比为77%）高度相符。

（2）采用正确的沟通方式。网易云音乐将乐评搬到了地铁、飞机、动车和农夫山泉的瓶子上，如此具有特色的模式与现代年轻人喜好"玩"的态度高度相符。

现代的商业模式早就不是"人寻货"，而是"货寻人"了。与传统传播渠道相比，新传播渠道具有以下两点创新。

（1）宣传途径年轻化。"小茗同学"将"95后""00后"作为目标受众群体，由线上线下多个符合年轻人认知的途径一起发力。例如，冠名《我去上学啦》，定位是校园、青春，从情感上缩短了年轻消费群体和品牌之间的距离。在这档综艺节目里，学生和明星零距离互动，既让学生与观众重新认识了明星，也重新认识了与平常不同的"小茗同学"，还让"小茗同学"和我们一起见证了与"95后""00后"不大相同的"青春"。在这个过程中，"小茗同学"逐渐成为广大青年人自我认知的载体，品牌达到了圈住年轻消费群体的目标。

（2）销售途径年轻化。"小茗同学"在线下开拓了更多适合年轻人的消费场景。例如,"小茗同学"在社交网站上开展了一场名为"不要面子"的话题活动,带领全民主要是年轻群体"放下面子",不再受面子的负累,引发一阵热潮。"小茗同学"常常资助校园创意活动,成功打造了为年轻人而"生"的形象,品牌曝光度不断提升。[1]

如今,许许多多的老品牌开始进行"年轻化"改革,改变了以往的传统品牌传播模式。伴随互联网更深入扩大的网络文化,品牌必须要进行年轻化革新,尤其是历经沧桑的老品牌,更要给自己找一条匹配现代消费者的出路,力争用新的品牌策略和产品策略攻占更多年轻消费群体,积蓄更大的品牌影响力。

---

[1] 参见《火爆多年的超级 IP 小茗同学做对了什么?》,搜狐网,2019 年 5 月 5 日。

第六章
品牌放大器：靠精准引爆品牌

品牌放大器，放大的是什么呢？是企业自身及产品品牌的形象，是得到大众广泛认同。通过树立良好的企业和品牌形象，提高品牌的宽度与深度，最终是要让有相应品牌名称的产品占领消费者的心理与市场。

品牌推广：鱼在哪里，我们就应该在哪里

如今新媒体的媒介形态层出不穷，企业应积极以变应变，拥抱新时代、新媒体、新技术和新用户思维，努力以最小的投入，实现与目标市场和用户群体自建高效的价值沟通。

在网络时代到来前，企业常用的品牌营销方式是上门推销和广告宣传，以及通过渠道商进行代理分销或者通过展会进行展示推广等。这些方法的优点是让目标用户能进行面对面沟通，受众精准，针对性强，一旦赢得用户信任，效果立竿见影。缺点则是综合成本高、影响面窄、效率较低，相关人员招募难、培养难，导致宣传效果愈加低效。

互联网时代到来后，越来越多的企业学会了借助 PC 端网络进行品牌营销推广。网络营销的特点是覆盖面广、长期有效、综合成本低，这也是网络品牌营销的优点。缺点是因为无法与目标用户群体实际接触，也无法建立深度关系，网络品牌营销只能提升品牌层面的广而告之的作用，对促进品牌认同度所起到的作用比较有限。

最近 10 年，随着移动互联网的蓬勃发展，手机 App 不断发展迭代，不仅进入大众的生活，也深刻影响了各类企业的商业生态环境。移动互联网的品牌营销的特点是受众更加精准、长期有效且容易赢得用户信任、影响的受众面广、效率更高。但缺点也是相对优点存在的，品牌与受众的接触

点碎片化，企业/品牌博弈难掌控，受众忠诚度松散，流失率较高。

不可否认，随着科技的不断进步，企业/品牌与目标用户群体之间的接触方式会更加多样化和碎片化，若不能以更加有效的方式进行营销推广，会导致企业营销成本升高，但成效未必与付出成正比。因此，为了以更低的投入实现更高的价值沟通，企业应充分利用这些数量众多且依然在不断增加的接触点，从各方面展开并加深品牌营销推广工作。由此，全网营销应运而生。

所谓全网营销，就是将 PC 端互联网、移动端互联网、虚拟现实端，以及传统营销推广方式全部涵盖进来的相互融合、高效协作的新营销模式。全网营销是"以用户为中心"，即鱼在哪里，我们就应该在哪里，鱼喜欢什么，我们就采用哪种营销方式，最终的目的只有一个：以更低的成本，实现更高效的品牌营销推广。[①]

想要打开品牌知名度，获取更高的市场占有率，需要企业经营者和品牌推广者对全网营销推广有更细致全面的了解。必须遵循以下三项"确定原则"才能夯实全网营销的基础。

（1）确定营销目标。确定营销目标是推广企业、品牌名称，还有推广产品名称，一般大型企业或名牌产品推广企业和品牌名称，小企业和不知名品牌以推广产品名称为主。

（2）确定目标用户群体。在推广企业、品牌或产品之后，要充分了解目标用户群体的消费需求和消费习惯，以达到精准引流的效果。

（3）确定企业适合的推广方式。并非只要是最新的推广方式就一定能在企业都获得成功，在人力和资金有限的前提下，要结合企业特点选择最

---

① 参见《工业品品牌推广如何做好全网营销？》，搜狐网，2023 年 3 月 21 日。

优推广方式进行营销推广。

丰富营销模式，进行全域运营，拓宽营销渠道抢占用户心理，才能更好地进行品牌推广，增加用户转化率。那么，全网营销究竟该怎样做呢？可以尝试从以下五点入手。

1. 分析消费者

在进行全网营销推广之前，要对消费者进行一定的划分。消费者与企业、品牌在购买行为中的关系，通常都以忠诚度来划分，因此可以分为以下三类。

（1）本品牌的忠诚消费者。

（2）其他品牌的忠诚消费者。

（3）在本品牌与其他品牌之间游离不定的消费者。

2. 接触管理

接触管理是企业在某一时间、某一地点或某一场合与消费者进行沟通。在20世纪90年代的市场营销中，接触管理是非常重要的课题，那是个消费者会主动找寻产品信息的年代，企业和品牌"说什么"要比"什么时候与消费者接触"更重要。

但是，现在的市场由于媒介类型繁多，导致信息过载，干扰的"噪声"大为增加。企业和品牌最重要的工作是决定"如何、何时与消费者接触"，以及"采用什么样的方式与消费者接触"。

3. 制定目标

为全网营销传播计划制定明确的营销目标，对大多数企业而言，营销的目标必须非常正确，而且必须是数字化的目标。例如，一个具备竞争力的品牌的营销目标可以有以下三个特点：

（1）激发消费者试用本品牌产品。

（2）消费者试用后，积极鼓励继续使用并增加用量。

（3）促使其他品牌的忠诚者转换品牌，并建立起对本品牌的忠诚度。

4. 定位与预算

任何企业想要做好品牌的宣传与推广，都必须建立在认清自身情况的基础上。企业和品牌必须做到深知自己所处的行业位置以及当前的市场需求，依据这些要素去建设全网的推广营销方案。

企业和品牌要认清自己的产品定位以及推广目标，即"我们究竟要把产品卖给谁？""投入的预算大小怎样计划？"这些都是品牌营销推广的目的。

现在业内有两类全网营销预算方式：（1）免费平台——需要企业内部人员花费很多精力与时间，才能获得一定的效果，但因为竞争对手太多，导致付出与收获并不成正比；（2）付费平台——省去更多的人力投入，但资金投入较大，效果也更为明显。

5. 营销渠道与营销平台

全网营销分为很多种，包含口碑、软文等多种平台的营销形式。很多企业为了取得更好的营销推广效果，选择把全部渠道都规划在推广范围内。实际上这种做法难以奏效，因为有些渠道并不适合某些企业。只有找到适合自己的渠道，才能获得最大的收益。例如，若想提升某电商平台的流量，就要做好自然优化或者精投广告。如果大品牌要维护声誉，就要借助视频广告等渠道进行大力度推广。

要想做好全网营销，可以找第三方专业团队合作。具体筛选可以看口碑，市场的认可度是最值得信任的。此外，还要看专业团队的擅长点与企业是否搭配，只有互相"般配"的，才是对企业帮助最大的。

品牌传播：听懂比听到更重要

2017 年，网易云音乐联合杭港地铁推出乐评专列"看见音乐的力量"。网易云音乐在点赞数最高的 5000 条优质乐评中精选出 85 条最优质评论，印满了杭州地铁 1 号线和整个江陵路地铁站。① 这些曾让无数人感受到温暖的文字，瞬间就让无意间走近它们的人产生了强烈共鸣。我们来欣赏其中的一些文字：

谢谢你陪我校服到礼服！

哭着吃过饭的人，是能够走下去的！

最怕一生碌碌无为，还说平凡难能可贵。

我想做一个能在你的葬礼上描述你一生的人。

你还记得她吗？早忘了，哈哈！我还没说是谁。

我在最没有能力的年纪，碰见了最想照顾一生的人。

一个人久了，煮个饺子看见两个黏在一起的也要给它们分开。

……

---

① 参见《治愈"城市病"网易云音乐联合杭港地铁推出"乐评专列"》，中国网，2017年 3 月 21 日。

根据事后统计，对本次活动有 2000 多个微信公众号进行报道，总阅读量超过 1000 万次，网易云音乐的注册用户数量突破 3 亿。[1]

一次成功的传播活动的效果是惊人的，能给企业和品牌的业绩带来飞跃性增长，能引发消费者的自发性传播，成为社会话题后，继续拉高影响力。为品牌策划的传播活动，就是品牌传播。

品牌传播的官方定义是什么呢？一切以品牌的核心价值为原则，选择广告、公关、新媒体等传播方式，将特定品牌信息推广出去的行为都算品牌传播。品牌传播是企业告知消费者品牌信息、劝说购买品牌以及维持品牌记忆的各种直接及间接的方法。品牌传播的最终目的是发挥创意的力量，利用各种有效发声点在市场上形成品牌声浪，让不知道的人对之向往，让不喜欢的人扭转偏见，已经购买的人则对之忠诚。总结一下，品牌传播就是让人们对品牌形成认知、重塑认知，进而产生好感，形成偏好忠诚。

如何让人们对品牌产生强烈认知，进而产生情感认同和选择偏好呢？当前是信息爆炸的时代，仅在国内，平均每分钟就有数万条广告信息被播放，同步还有 20 多万条微博发送，600 多万次网络搜索行为发生，1100 多万个页面被打开。在这种浩瀚级的信息轰炸之下，密集型重复无疑是简单且有效的，能短时间内在消费者心智中占据一席之地。但是，企业仅依靠不断的信息重复去获得消费者的注意力是远远不够的，真正成功的品牌传播是能够打动人心且能够唤起消费者的情感联想。因此，不仅要有广告传播，还要有公关传播、人际传播和心体传播的强力辅助。下面逐一介绍这四种品牌传播方式。[2]

---

[1] 参见《从"功能"与"营销"，探索网易云音乐的突围》，人人都是产品经理网，2023 年 5 月 31 日。

[2] 参见《三种常见的品牌营销传播方式》，搜狐网，2018 年 8 月 10 日。

1. 广告传播

大众了解一个品牌，最早期的信息是通过广告获得的。广告是提高品牌知名度、信任度和塑造品牌个性的强有力工具。

广告是品牌所有者以付费方式，委托广告经营企业通过传播媒介，以策划为主体，创意为中心，对目标受众进行的以品牌名称、品牌标志、品牌定位、品牌特色等为主要内容的宣传活动。

发广告，在任何时候都是最主要的品牌传播方式。企业在为品牌做广告时需要把握以下几项内容。

（1）寻找潜力市场。进行市场研究，了解目标受众的消费心理和消费习惯的需求，再用有针对性的宣传吸引消费者。

（2）把握合适时机。企业要根据不同的市场时期和行业时期，对广告的制作和发布采取不同的应对策略。

（3）连续进行投放。广告有滞后性，需要一定积累才能从根本上影响目标受众的心理。因此，广告投放一定要持续，不能随意中断和停止，避免给企业和品牌带来不利影响。

广告传播有时会带着促销传播一起出现。促销传播是指通过鼓励对产品/服务进行尝试或促进销售等活动而进行的品牌传播方式，主要包括赠券、赠品、抽奖等。促销传播能在短期内产生较好的销售效果，小品牌因为负担不起大笔广告费，而经常采用这种传播方式。但对于大品牌而言，大量使用销售推广会降低品牌价值，增加消费者对价格的敏感度，淡化品牌的质量概念，长久积累会影响消费者对品牌的忠诚度。

2. 公关传播

公关是公共关系的简称，是企业愿景、使命、品牌、文化等传播的有效解决方案，它包含投资者关系、员工传播、事件管理以及其他非付费传播等内容。

公关传播作为品牌传播的一种手段，能利用第三方认证为品牌提供有利信息，从而引导消费者。因此，公关传播可以为企业解决以下问题。

（1）巧妙运用新闻点，塑造品牌知名度和组织形象。

（2）帮助企业取得公众心理上的认同，树立美誉度和信任感。

（3）通过体验营销的方式，让难以衡量的公关效果具体化。

（4）提升品牌"赢"销力，促进品牌资产与社会责任的双重增值。

（5）关键时刻可以通过危机公关或标准营销，化解企业经营压力。

3. 人际传播

人际传播是人与人之间的直接沟通，主要通过企业人员的讲解咨询、示范操作、售后服务等方式，让公众了解和认识企业，并形成对企业的印象和评价。公众所有的印象和评价，最终将形成一种外展性的品牌形象，对企业产生直接影响。

人际传播是形成品牌美誉度的重要途径，在品牌传播的方式中，人际传播最容易为消费者接受。俗话说，"金杯银杯，不如消费者的口碑"，一旦形成了不好的口碑，企业就将长期背负坏口碑的重压，很难翻身。好口碑可以因为一件不良影响事件而迅速转坏，坏口碑却很难通过一件影响好的事情而扭转，这就是口碑的力量，也是人际传播的最大威力。

因此，企业必须在人际传播这个层面博得好的大众口碑，不能容忍任何一点的传播偏差。人际传播方式的选择与方案设计密切相关。如果传播方式选择不当，设计又不合理，就不可能收到好的传播效果。

4. 心体传播

人都有从众心、攀比心、虚荣心、好奇心等，这些"心"共同组成了日常的消费心理与消费习惯。品牌传播必须从消费者的"心"出发，洞察到消费者的心声与需求，发现消费者的"心灵沸点"，打动消费者愿意为"本心"所需而进行消费。网易云音乐策划的"看见音乐的力量"之所以火爆，就是因为那些透露心声的乐评触动了我们内心最敏感的那根弦，关于爱、希望、青春和感恩。

心体传播的一半是"心"，另一半是"体"。如果说"心"是品牌传播的火种，那么"体"就是点燃品牌传播热度的火把。消费者对产品的正向体验感在品牌传播中越明显，越容易打动消费者的"心"，所以"心"和"体"是共同的，用"心"打动"体"，再用"体"触动"心"。

品牌引爆：广告回潮成趋势

品牌可以简单分成两种类型：成熟品牌和新创品牌。

成熟品牌因为品牌知名度已经很高了，需要创造热度和新鲜度，因此，适合IP化、内容化和娱乐化；新创品牌要帮品牌做出清晰的定位，然后借助各类媒体进行品牌引爆。通过高频的饱和攻击，先让大众记住品牌的名字以及所代表的差异化价值。

为什么引爆品牌一定要强调差异化呢？因为中国大部分企业都处于中低端市场。这是一个异常拥挤和凶险的"红海"，处于其中的企业都需要血拼才有机会占据一席之地。血拼带来的直接后果就是利润下滑，在保障产品品质的前提下，生意会越来越难做。品牌差异化在此时就显示出更强的竞争力，若再把握住时间窗口顺势引爆，就有机会改变市场格局，使企业从"红海"中杀出来，赢得细分市场的定价权，主导细分市场标准和份额。

为什么要进行饱和攻击呢？企业都是从小做起的，在企业尚处于弱小阶段，不可能在全国范围内去投放广告，最合理的方式是找到当下终端布局最好的样板地区。这个地区可能只有一个省或者一个市，需要少量的费用就可以在样板区域内进行饱和攻击，甚至在一个小城市只要花费两三百万元就可以做到局部引爆。

进行品牌营销推广必须通过内容营销，积极融入大信息量的平台（如微博、小红书、哔哩哔哩等）制造内容去创造话题。同时，鉴于消费者的生活空间一般是很难改变的，就要在消费者必经的生活空间场景（如公寓楼或写字楼的电梯中）投入足够的传播资源，品牌才更容易被引爆。

凯度中国区首席执行官兼BrandZ全球总裁王幸，在"2020年BrandZ最具价值中国品牌100强发布会"上提到一个重要观点：对于广告主和品牌而言，将线上与线下、内容化与场景化高效结合，通过"双微一抖一分众"引爆品牌，以分众传媒为代表的日常生活场景的品牌广泛引爆，和以微博、微信、抖音为代表的社交媒体品牌深入种草，将成为未来传播的最有效范式。[1]

以"双微一抖"为代表的社交媒体，占据着虚拟世界的主要时间；而以分众为代表的电梯媒体卡住了物理空间的必经之路，成为品牌引爆的核

---

[1] 参见《凯度中国区CEO兼BrandZ全球总裁王幸接受凤凰网专访》，搜狐网，2020年4月25日。

心设施。①

看起来这种品牌传播方式似曾相识，很像从前的广告，只是方式有所改变。其实，这正是流量红利逐渐褪去而广告回潮不可逆趋势。品牌广告需要非常稳定的输出机制、输出场景和输出设施。

在品牌广告回潮的时代，所有品牌参与这股浪潮都必须做到三个"对抗"，具体如下。

1. 以中心化对抗碎片化

短短二三十年，品牌广告经历了电视时代、PC互联网时代、移动互联网时代，信息膨胀的速度犹如地球变成太阳系，进而变成银河系，并在继续膨胀着。

通过互联网从无到有做起来的企业有很多。这些企业中的大部分仍在互联网中寻求做大做强品牌，但许多实例证明，互联网是很难塑造品牌的，主要有以下三点原因。

（1）难以形成有效触达。互联网社交媒体的触达环境并不理想，绝大多数流量广告用户都是匆匆路过，即便是能看几眼的用户，也因为干扰太大而最终划走，以致品牌价值难以传达。

（2）覆盖人群相应有限。乍看起来，流量广告影响的范围好像很大，但实际能影响的人群范围很小，因为有效触达质量不够，所以难以形成品牌的社会共识。

（3）陷入低价促销陷阱。互联网为了快速达到广告效果，会利用促销、低价来刺激消费者，在品牌尚未形成价值体系时，就先损害了品牌的价值。

现实中，很多的网红品牌都是制造一个流量事件或者抓住一个流量洼

---

① 参见《双微一抖+场景分众，引爆品牌的新法则》，搜狐网，2020年8月14日。

地，但流量事件和流量洼地总会过去，绝大多数网红品牌只是靠这些机会完成原始积累，却难以进一步引爆成为公众品牌和明星品牌，最终随着新的网红品牌的产生而被掩盖掉。因此，品牌需要流量，但流量成就不了品牌。

越来越碎片化的媒体环境，让品牌声量越来越被稀释。品牌要在互联网时代对抗碎片化，就必须重新找回集中性，充分发挥中心化的优势，从无限的移动互联网回归到有限的生活空间中去。品牌只有登陆如央视、湖南卫视、浙江卫视等中心化较强的头部平台媒体，才能进入用户的核心视野，并迅速被引爆。

2. 以重复率对抗遗忘率

使人们相信一个概念或一个事物的方法就是不断重复。当一个信息反复出现，且没有带来不好的结果，就会变成一个安全的信号。在人们的认知中，安全的就是好的，熟悉了就容易喜欢。

为什么重复性比新鲜感重要？因为在社交媒体如此热闹的当下，每时每刻都能制造出最新热点，热点的保鲜度非常低，很快就会被淹没遗忘。所以，重复性正是品牌传播的第一性原理，只有不断重复，才能对抗遗忘。

华与华咨询创始人华杉有过一段精彩的评论：宣传的本质在于重复，受众的本质在于遗忘。要掌握传播的原理，以重复对抗遗忘。不要搞那种绝妙的刷屏文章，一个受众不会去看第二遍的东西，就是一夜的焰火。

3. 以确定性对抗不确定性

电视时代的综艺节目都具有确定性，火的会一直火，如《我是歌手》成功地让多位艺人翻红。移动互联网时代的网综则充满了不确定性，从巨火到巨糊或许就是一瞬间的事。如《乘风破浪的姐姐》，第一季以4000万元入场总冠名的梵蜜琳，因持续的话题效应可谓大赚，其中几位原本不被人所知的"浪姐"更是成功跻身内娱一线。但到了第二季，冠名费飙升至数亿元级别，节目却表现平平，十余家品牌纷纷踏空。

社交媒体上的刷屏热点也具有不确定性。2017年，百雀羚的一组一镜到底的神广告刷遍朋友圈，创造了现象级的刷屏热点，成为江湖传说。百雀羚其后也一直在精心策划国风营销事件，却再也没能创造神迹。[①]

信息粉尘化后，品牌营销推广的普遍挑战是难以复制的成功、无品牌价值的刷屏以及迅速被遗忘。因此，品牌广告不能靠赌运气，任由不确定性主宰命运。品牌广告要采用确定性高、可控性高的媒体，正是这种现实让"传统广告"在信息化时代再次成为受宠的传播方式。例如，消费者每天经过的生活空间媒体，在此做广告可以助力品牌实现可复制、可累积、可叠加的战略目标，用确定性去对抗不确定性，享受时间的复利。

品牌路径：知名—认知—美誉—忠诚

每一个品牌的核心目标都是建成强大的品牌，但确定了目标不等于实现了目标，在众多的品牌中，只有极少数品牌能脱颖而出，成为在消费者心目有一席之地的知名品牌，甚至成为行业内的领军品牌。品牌知名度提升了，说明品牌价值也提升了。20世纪80年代，现代品牌营销之父

[①] 参见《复盘百雀羚现象级"神广告"，网友到底捧还是打？》，搜狐网，2017年5月16日。

大卫·艾克提出了"品牌价值"的概念，以及被行业内广泛认可的品牌建设"四段里程理论"——品牌知名度→品牌认知度→品牌美誉度→品牌忠诚度。①

该理论为品牌构建提供了一条最便捷的路径：一个成功的品牌，应先打造出比较高的知名度，再引导目标受众对品牌内涵有较充分的了解，并且这种了解带来的情感共鸣是积极的、正面的，当目标受众使用了产品，并认可了产品价值后会再次重复购买，成为对品牌忠诚的消费者。下面的内容是对这条路径的详细解读。

1. 品牌知名度

品牌知名度的打造相对容易，花些成本做一些必要的推广宣传，基本就能实现广而告之的目的。当然，在品牌没有知名度的阶段想要昭告天下，往往需要非常高的推广成本。因为人们对一件事的关注只是短时间的热度，想要让目标受众深入、长期记住品牌，就要持续、不间断地进行品牌推广。

德国心理学家赫尔曼·艾宾浩斯提出的"遗忘曲线"，非常生动地阐明了人们在遗忘过程中的表现。人们遗忘一件事的速度不是线性的，强度不是递增的，而是开始遗忘得快，后续的遗忘速度会逐渐变慢。这一理论的指导意义在于，任何一段记忆必须在尚未被完全忘记之前就需反复强化印象。品牌在推广时就要不断在目标受众的感官系统中反复出现，让受众建立牢固的印记。②

---

① 参见《品牌认知革命——席卷餐饮界的强力风暴》，知乎网，2023年8月9日。
② 参见《艾宾浩斯记忆遗忘曲线：记忆是一种高级的心理过程》，搜狐网，2019年7月10日。

2. 品牌认知度

品牌认知度是衡量消费者对品牌内涵及品牌价值理解度的标准。品牌认知是企业竞争力的体现，尤其在大众消费品市场，品牌认知度更是一种核心竞争力，因为各品牌提供的产品和服务差异性小，这时消费者会倾向于根据品牌的熟悉程度来决定购买行为。

品牌认知度的建立不仅要依靠品牌推广，还要依靠产品口碑，人们的口口相传比广告宣传对消费者的影响更大，广告总免不了有夸大的成分，但口碑更具真实性。因此，要提高消费者对品牌的认知度，企业必须狠练内功，不断提高产品品质和服务水平，既让消费者在购买和使用产品时身心愉悦，觉得物超所值，又让消费者在享受服务时产生被尊重的感觉，提升消费者满意度，赢得消费者的信赖。

3. 品牌美誉度

企业应该在明确消费者需求与产品定位的基础上，融入感性创造，构建差异化战略方向，建立更积极的品牌认知。

这是一个追求实用主义和凡事都要"搜一搜""比一比"的时代，如果品牌没有美誉度，消费者在网上搜索相关信息或者查阅评论，得到的都是不好的反馈和差评，那消费者自然就不会购买这样的商品了。反之，如果网上搜索的信息好的反馈占多数，或者评论中绝大多数都是好评，自然会提升选择这种商品的信心。因此，品牌要认真、努力、脚踏实地、持续不断地去做美誉度，将品牌运营到最佳状态。

4. 品牌忠诚度

有了美誉度，是消费者选择购买、复购的关键性基础条件，但仍然不能保证消费者不会离去。怎样让消费者对品牌产生忠诚度，才是品牌构建路径中最关键的收口环节。

没有互联网时，企业依靠某款经典的产品能获得长期的持续化变现。但当下是互联网时代，没有任何一个品牌能够高枕无忧。要想让消费者对品牌产生忠诚度，关键点是产品质量和价格，二者缺一不可。产品质量是提高消费者忠诚度的基础，消费者对品牌的忠诚度其实就是对其产品的忠诚，只有高品质的产品才能在消费者心中树立起"金字招牌"。价格合理则是提高用户忠诚度的重要手段，企业要以获得正常利润为定价目标，坚决摒弃追求暴利的短期行为。

品牌溢价：影响消费者脑海里的价格标签

如何把一个苹果卖到10万元？

看到这个问题，很多人会说我想钱想疯了。如果你有这种想法，只能证明你的思维太过于局限了。

下面我们就来打开思维，天马行空一番，看看一个苹果有没有希望冲高到百万元级别。

给苹果加上漂亮的包装，印上春节祝福，卖到20元问题不大。

将苹果拿到高档酒店，榨成苹果汁，50元的高档苹果汁肯定有人购买。

同样是在高档酒店，将苹果做成水果营养沙拉，卖100元可能有些人还觉得蛮便宜的。

现在一个苹果已经卖到百元了，想突破千元大关，就不能再以苹果本身为出发点，而是要深挖其附加价值。

可以找流量明星/网红在苹果上签个名，转手卖1000元就是分分钟的事，卖到10000元也是可能的。这一点，只要看看那些给主播打赏不计代价的人就知道了，万元苹果完全有人消费。

如果将苹果拿到宇宙飞船上去太空遨游一圈，回来卖个几万元有没有问题？没问题。2006年10月24日，北京奥运推荐果品评选性苹果专场首次举行，昌平崔村镇真顺果园张国福的宫藤红富士摘得"奥运苹果"果王桂冠，该"奥运苹果"果王最终以6.6万元天价拍出。搭上飞天、奥运这样的高价值话题，再以拍卖的形式，苹果已经不是苹果了，而是一种高贵的象征了。

如果宣传是砸中牛顿头的那棵苹果树死前结的最后一个苹果，卖到10万元还是梦吗？即便百万元也不是问题。物以稀为贵，世界上只有一个牛顿，也只有那一棵树上的苹果砸中了牛顿，如今这棵树的果实只剩下一个了，卖到百万元级根本不过分，甚至觉得有些少呢！

思维发散到此结束，苹果真的不是苹果了，是什么，销售者也不知道了！一种象征、一种信仰、一种文化，都可以！

为什么一个物品可以远超同类的价值呢？这在品牌界是一种很常见的现象，就像同样质量的包，普通包只卖几十元，贴上一个名气一般的LOGO就能卖几百元，贴上名气更大的LOGO就能卖到几千元，如果贴上香奈儿、LV的LOGO就能卖到几万元。除去理性成本，造成产品高出同类产品价格的原因，更多的是消费者的非理智情感。这种非理智情感来自品牌能否赋予产品更多的溢价，即品牌自身拥有的更高标价的能力。

任何品牌都希望拥有溢价能力，但能够拥有这项能力的品牌少之又少，原因在哪里？究竟是什么样的品牌才能拥有溢价能力呢？一定有人回答是世界级品牌，因为品牌知名就可以比竞争对手卖得价位更高。但实际情况是，品牌溢价的能力并不取决于品牌的知名度。肯德基、麦当劳、可口可乐、百事可乐是顶级世界品牌，但其售卖的商品与竞争对手相比并没有什么品牌溢价。阿迪达斯、耐克的大量商品与竞争对手相比，品牌溢价也不是很多。[1]

其实，品牌溢价的概念随着时代的发展在不断变化。20世纪90年代对品牌溢价的定义：可反映品牌资产管理的结果，而具有感知质量和相对成本来说的品牌感知价值是人们愿意产生溢价行为的重要理由。到了2007年，品牌溢价的定义被简化了：消费者为了获得更好的福利而愿意为之支付的价格。人们对品牌溢价的定义由单纯的"感知质量"向综合的"更好的福利"过渡。[2]

更好的福利不是表面的物质福利，还包括精神福利和精神附加价值。更好的福利让品牌更加深入人心，以获得持续免费的流量，只有品牌力才能提升流量的转化率，品牌势能才能带来产品的溢价能力。

品牌理念主打"一生只送一人"的鲜花品牌ROSEONLY，是一个没有太大名气的新兴品牌，截至2023年1月4日，刚刚走过10个年头。

ROSEONLY的每一款产品上都配有一份真爱证明，证明卡上附有唯一的二维码，绑定收礼人的名字，且此生不能更改。收礼人用手机微信扫一扫，就可以看到送花人下单时留下的爱语。ROSEONLY的"经典1314玫瑰礼盒"12枝、16枝、19枝的售价是1520元起；"留声机"玫瑰情深，"真爱留声"的售价是2999元；"甜心猫钟罩"萌力示爱，"就在此刻"的售价

---

[1] 参见《品牌溢价：影响消费者脑海里的价格标签》，搜狐网，2023年7月6日。
[2] 参见《干货：消费者为何接受品牌溢价？》，界面新闻网，2021年2月23日。

是 3999 元。可以在其他网站或线下实体店看看，几朵、十几朵玫瑰能卖到多少钱，一般的也就 100 多元，ROSEONLY 的品牌溢价能力可见一斑。

如果你认为这就是 ROSEONLY 品牌溢价的最高限度，那你就大错特错了，其高端定制产品的溢价率更高。如"高端定制——怦然心动"的售价是 9999 元起；"高端定制——玫瑰猫"的售价是 19999 元起；"高端定制——七彩玫瑰兔"的售价是 69999 元起。[①]

ROSEONLY 的案例让我们知道，品牌溢价的前提未必是高知名度，而是要建立鲜明独特的品牌理念和体验，帮助消费者建立对品牌的认知，并给消费者创建品牌所特有的荣耀感。当消费者知道自己能通过品牌获得更高的个人价值，就更容易促使他们为此付出更高的价格。

品牌变现：品牌带来的变现价值和资产效应

做广告的是企业，接收广告的是消费者，那么，品牌建设的成果由谁说了算呢？

品牌建设的成果不是由企业说了算，不是由经营者说了算，也不是由消费者说了算，而是由消费者的心智说了算。消费者和消费者心智的差别在于，消费者是生物个体，是理性存在的；而消费者心智是思维模式，是感性存在的。理性的东西可以控制，感性的东西只能跟随。当消费者要买一件商品时，很多时候还没有实际购买，但已经确定要买哪个品牌的产品

---

① 参见《[品牌网] ROSEONLY：一生只送一人》，搜狐网，2019 年 12 月 30 日。

了。这种决定通常都不可扭转，不论购入过程多么艰难，海外代购或者彻夜排队，只要有机会，消费者就会愿意去尝试。因此，消费认知和消费习惯一旦形成，是很难改变的。

一个赢得消费者的品牌往往能够非常轻易胜出，消费者对其产品的挑剔非常小。反之，一个无名品牌的产品会被消费者百般挑剔，他们会认为有很多不如自己中意的大品牌产品的地方。广告之所以有促销的作用，就是因为它能不断地向目标受众传达其所期望的东西。消费者在相信了这种期待后，可能会选择购买产品，在长期的购买行为中，消费者会形成特定的消费习惯，这种习惯又反过来刺激消费者继续购买产品。因此，品牌定位有利于培养消费者的消费心理，品牌建设有利于培养消费者的消费习惯，二者相加就可以提高消费者对品牌的忠诚度，进而带来品牌变现的价值。

如果香奈儿所有的办公场所和商品在一夜之间被全部烧光，对于这个品牌来说会产生怎样的影响？

绝对不可能是灭顶之灾，顶多就是"重大损失"级别。管理学大师彼得·德鲁克说："企业的经营成果在外部，内部只有成本。"[1]大火能够烧掉的，只要花钱很快就可以重新建立，只是多花点时间罢了。大火烧不掉的是存在于消费者心智中左右了消费者选择和认知的载体——品牌。这就是品牌的变现价值和资产效应，不仅是有形的，更是无形的。

品牌资产是品牌赋予产品或服务的附加价值，既反映在消费者对品牌的想法、感受和行动上，也反映在品牌所带来的市场份额和盈利能力上。[2]

品牌效应可以提高产品复购率。品牌可以轻松让消费者记住该品牌所

---

[1] 参见《管理大师德鲁克60句经典名言，建议最少读3遍》，澎湃网，2021年1月27日。
[2] 参见《浅谈"品牌是资产"——无形资产》，知乎网，2020年9月26日。

能提供的利益，提升消费者对品牌的认知度和信任度，提升产品复购率。复购的频率代表变现的强弱。例如，某人喜欢用某品牌的产品，就会选择购买该品牌的若干款产品，每一个购买行为都是一次复购。

品牌能够强化消费者内心的价值认识。品牌除了本身具有的经济价值外，还可以带来稳定的超额收益，是企业创造经济价值不可缺少的价值资源。一切品牌推广都需要围绕企业所能为消费者提供的品牌核心价值而展开，逐步强化品牌在消费者心中的核心价值。

品牌是产品品质的延伸。消费者在购买一件商品时，如果这个商品的品牌尚未形成力量，不能对消费者快速作出购买决定起主导作用，说明此商品品牌仍停留在较低的经营层面。企业进行品牌运营的重点应是着重提高品牌知名度与消费者满意度，使商品由品质竞争上升到品牌竞争。

品牌可以暗示消费者进行自我身份归属。不同的人对不同的品牌有不同的认知，认知的不同造就了偏好的不同，这实际是自我身份的归属。消费者对自己的定位往往与对品牌的定位相符，例如，好莱坞明星在出席正式场合时都会穿着世界顶级时装品牌的定制款，就怕与别人撞衫，普通上班族绝不可能选择顶级大牌，而是选择普通的品牌，力求舒适与时尚兼得，是否撞衫、撞鞋不会在考虑范围之内。因此，品牌具有暗示消费者对自己进行层次归属的作用，它所代表的往往是一个人生活的"圈层"。

品牌价值和资产效应的形成，一种是品牌具有的外在消费者价值，另一种是满足消费者的内在精神指向价值。当品牌已经兼具了外在消费者价值和内在精神指向价值，品牌就踏上了常胜之道。

第七章
品牌关系谱：引发品牌的连锁效应

将品牌和其他品牌实体——来源要素或者相关的人物、地点或者事件相关联，可以在品牌和品牌之间建立一系列新的关系，既能同时对现有品牌产生影响，也能引发品牌关联之后的连锁效应。

品牌杠杆：实现品牌资产螺旋上升

"假如给我一个支点，我将撬起整个地球。"这是数学之神、力学之父阿基米德最著名的一句话。

品牌杠杆指通过整合品牌的外部资源，以达到借力、省力来创建品牌资产的效果，是品牌战略的新模式。

品牌杠杆是利用现有的品牌资产发展新业务，同时通过新业务的发展反哺资产价值的双向过程，是将创造未来的发展平台与扩充现有的品牌资产结合起来实现螺旋式上升的方法。[1]

消费者通过将品牌与其他实体建立联系，可以形成次级品牌联想。当消费者对于选择何种品牌不能确定时，就很有可能根据次级品牌知识作出品牌决策。所谓次级品牌联想，指消费者在日常生活中对某品牌及其对应的产品实体所形成的联想，且能在该消费者关注其他产品实体时，认为原产品实体的特性同样适用于其他联想的产品品牌。

消费者总是会对其他实体积累一些知识，当一个品牌与这些实体相关联时，消费者就会推论属于该实体的性质也属于该品牌。从心理学上讲，这种推论效应解释为"推论一致性"，也就是说，在消费者心中，如果该品牌是好的，那么该实体也是好的，反之亦然。

---

[1] 参见《品牌杠杆：怎么实现品牌资产螺旋式上升》，百度百家号网，2023年6月24日。

品牌杠杆主要通过企业关联、地理位置关联、渠道关联、名人或知名文化活动关联的四种优势形式体现。

1. 企业关联

信誉度高的企业都具有天然的品牌资产，包括声誉、联想、形象、信用等。如果这家企业能为一个不够知名的品牌背书，就能快速提升品牌价值。

"烧范儿"是百胜中国推出的经营整切腌制牛排的品牌，与肯德基和必胜客隶属于同一家公司，于是它的产品介绍中就有"肯德基必胜客兄弟品牌"的字样。等于肯德基和必胜客在为自己的"小兄弟"背书，将肯德基和必胜客多年积累起的品牌声望与信誉一次性嫁接到"烧范儿"身上，通过合理合规地运用品牌杠杆，在最短时间内提升了"烧范儿"的品牌价值。

2. 地理位置关联

俗话说"一方水土养一方人""千里不同风，百里不同俗"，一个地理位置必然会有独特的东西，只是有些地方的特色被外界所知，有些地方的特色不被外界所知。当然，我们所指的"地方"是一个相对大的概念，比如一个国家、一个地区、一个省份、一个地域，至少也是一座城市或者已经远近闻名的小地方。不能是随便的某个乡镇或是村庄，因为面积小，就会与邻近地方的差异性小，不足以通过某个特色或某种东西代表出来。

提到地理位置关联，只要差异性明确就很容易让人产生联想，如提到山西就会想到醋，提到新疆就会想到和田玉，提到钱塘就会想到大潮，提到珠三角就会想到港珠澳大桥，提到韩国就会想到泡菜，提到德国就会想到工程品质，提到巴西就会想到足球……

很多品牌都会想到用地理位置佐证自己产品的品质，让消费者产生正面的品牌联想。如小米生态链下的贝医生牙刷，牙刷丝采用日本东丽磨尖丝和德国的 Pedex 螺旋丝；日本和德国都以产品优质著称，这样对牙刷产地的着重介绍会让消费者对产品产生"质量好"的印象。

3. 渠道关联

广告投放中有一种说法，叫"渠道即信息"，指广告投放在什么渠道，就会传递出渠道本身自带的信息。

某咨询公司力争打造"国内顶级咨询公司"的品牌信息，那么，它是选择在北上广深的机场投放广告，还是在地方城市机场和火车站投放广告呢？答案不言而喻。其他领域的企业也是如此，品牌想要获得高势能，就要尽量选择高端的宣发渠道，以彰显品牌实力和雄心。

CK 是国际知名时尚品牌，它以性感和人们熟知的极简风格为审美理念，致力于成为全球文化融合的催化剂。作为世界顶级品牌，对产品的销售渠道要求是很严格的。曾经有位经销商因在山姆会员店销售 CK 商品而被取消了经销资格，CK 的理由是：在这样的折扣商店销售 CK 的商品，严重损害了 CK 的品牌形象。虽然山姆会员店也是蛮高端的商场，但 CK 认为它配不上自己品牌的地位。[①]

4. 名人或知名文化活动关联

将名人或知名文化活动的信誉与声望转移到品牌上，直白的解释就是，借助名人效应替品牌背书。

企业选择名人或知名文化活动背书时必须遵守的原则有：足够有名、符合产品调性、受目标受众喜爱、能让消费者产生价值联想。

[①] 参见《肯豆、比伯都为CK拍过超性感的广告海报，CK真的不止内衣和香水！》，搜狐网，2019年4月22日。

2018年世界杯期间，蒙牛签约阿根廷球星利昂内尔·梅西，并推出"我不是天生强大，只是天生要强"的品牌主张。

不过，由于阿根廷队在比赛中失利，梅西的广告词也被段子手们给改成了"我不是天生要强，我只是注定要凉"。

2022年卡塔尔世界杯期间，蒙牛集团推出了"要强出征"的主题宣传片，重提"我不是天生强大，只是天生要强"的品牌主张。因为阿根廷首战沙特阿拉伯失利，那句"我不是天生要强，我只是注定要凉"也被翻了出来。但阿根廷队在之后的比赛中节节胜利，最终在决赛中战胜了法国队，第三次捧得大力神杯，梅西荣膺本届世界杯金球奖，第三代球王正式登基。

值得一提的是，蒙牛不仅签约了梅西，还签约了法国队的未来之王、本届世界杯金靴奖获得者基利安·姆巴佩。本届世界杯期间，蒙牛官方微博也频繁发布有关梅西和姆巴佩的内容，还创建了"梅西 姆巴佩 蒙牛更爱谁？"的话题。[①]

牛奶是为人类提供能量的，是可以提高个人身体素质的，与体育明星"联姻"再般配不过了。而且携手的明星都是世界顶级的，对于蒙牛顶级乳制品品牌的树立非常有益。且在本届世界杯押宝正确，阿根廷和法国进了决赛，梅西和姆巴佩都有上佳表演，蒙牛品牌的营销推广也取得了佳绩。

---

① 参见《世界杯营销蒙牛"牛"在哪儿？》，《中国经营报》2018年7月20日。

品牌延伸：一把影响发展的"双刃剑"

ZARA 在高档时装与流行服饰之间独辟蹊径，既摒弃了工业化生产服装的传统思路，也没有选择涉足奢侈品牌，而是让 T 台上展示的华服成为人们"买得起的时尚"。①

在 ZARA 越来越受年轻人喜爱的同时，ZARA Home 也在悄然兴起。通过对 Home 的理解就能想到，ZARA Home 以销售家居用品及室内装饰品为主，包括床上用品、各类餐具、洗护用品、桌布、地毯等。如果经常浏览 ZARA 官方网站，还会发现一个叫 TRF 的女装品牌，其风格比 ZARA 更加时尚。ZARA Home 和 TRF 都属于 ZARA 的延伸品牌。

品牌延伸已成为品牌经济中越来越值得关注的现象。所谓品牌延伸是一种在已有相当知名度与市场影响力的基础上，将原品牌运用到新产品和服务上，以期望减少新产品和服务进入市场风险的经营策略。

一个品牌成功之后，难免会产生将品牌进行复制或延展的冲动。毕竟，任何企业都会面临一个必须要解决的问题：如何年复一年地提高企业的经营业绩？面对单一产品，企业会采用各种方法扩大销量，如抢占市场、适应或改变消费者习惯、优化产品包装等，但销量不可能无限扩大。当单一

---

① 参见《ZARA 如何让普通消费者"买得起快时尚"（中）》，搜狐网，2019 年 12 月 31 日。

产品的市场达到饱和时，常见的思路就是增加产品品类，让新品类的产品沿用已有的品牌，实现品牌延伸。

ZARA 这个品牌已经非常成功了，甚至将创始人阿曼西奥·奥尔特加送上了世界财富榜的前三名。但 ZARA 没有局限于一种产品或一个领域，而是多领域、多品类发展。例如，ZARA 品牌本身的产品包括女装、男装和童装，新增加的 TRF 同样在 ZARA 品牌之下，这叫产品线延伸，也称产品延伸；ZARA Home 则独立于 ZARA 品牌，但仍然冠以 ZARA 的名字，这叫品类延伸。无论是产品线延伸还是品类延伸，都属于品牌延伸的多元化发展策略。

一般情况下，产品线延伸是品牌延伸的基础局，品类延伸则是品牌延伸的高端局。也就是说，并非所有的产品线延伸都会出现品类延伸，但所有品类延伸则一定会先发生于产品线延伸。

可口可乐公司在可口可乐品牌的基础上，开发了零度可乐、健怡可乐、雪碧、芬达、醒目等多款产品，都属于产品线延伸，在获得成功的产品线上再建立不同的品牌形象，但都未脱离可口可乐的属性。

苹果公司有手机产品线 iPhone，iPhone 产品线又分为 iPhone s、iPhone Plus、iPhone Pro Max 等子线，还有电脑产品线、平板电脑产品线、智能手表产品线。不论哪一条产品线的延伸，都统一在苹果的品牌上，没有做品牌延伸。

迪士尼公司最早起源于卡通动画，中国观众非常熟悉的唐老鸭和米老鼠就是这个公司的杰作。如今迪士尼名下除了拥有电影发行品牌外，还拥有迪士尼电视频道、迪士尼乐园、迪士尼乐园度假区、迪士尼商店等，这些都不只跨越产品，而是跨越品类了，属于品牌延伸，但依然通用迪士尼的品牌名称和卡通IP。

因此，在产品线上浮动的是产品线延伸，超越产品线浮动的是品类延伸，两者都属于品牌延伸，都以母品牌为延展的基石，但与母品牌的关系是不同的（见图7-1）。

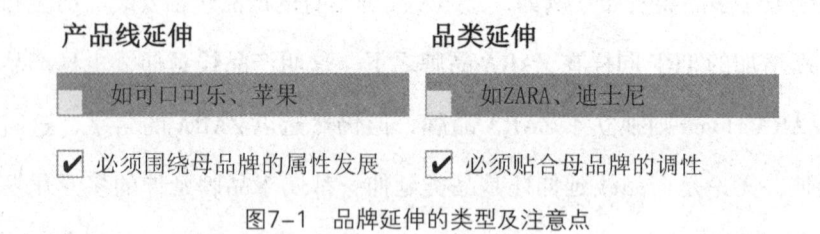

产品线延伸	品类延伸
如可口可乐、苹果	如ZARA、迪士尼
✓ 必须围绕母品牌的属性发展	✓ 必须贴合母品牌的调性

图7-1 品牌延伸的类型及注意点

不论是产品线延伸还是品类延伸，最终决定其产品在市场上的地位的，是品牌延伸策略的制定。好的品牌延伸策略可以让产品轻松突破产品乃至品类的边界，走出自己的发展路线。各行业、各领域对品牌延伸策略的要求都不一样，在此不能一一展开，但所有行业和领域品牌延伸都必须遵循以下三个原则。

1. 定位相同原则——延伸品牌产品与母品牌产品的市场定位相同

通常情况下，消费者购买品牌延伸产品的前提是良好的使用体验，只有买过该品牌产品并在使用中感到满意的消费者，才可能继续购买该品牌的其他产品。如果品牌的延伸产品面对的是不同的消费群体，在没有使用体验的情况下，消费者无法对延伸产品产生信任感，即母品牌无法起到对延伸产品质量、性能的背书作用。

格力是国内顶级企业，曾一度想要挤进手机行业，虽然董明珠当众怒摔格力手机以证明品质，但格力手机并未打开市场，准确地说是还没亮相就退出了。格力手机夭折的原因就在于，对格力空调有信任度的消费者无法对格力手机产生同样的信任，大众不会因为董明珠的一摔就认定格力手机如何的好。①

而且，延伸品牌产品与母品牌产品的市场定位不同。有些时候仅仅看起来就是一件很奇怪的事，如男性形象的金利来卖女装、奢侈品牌的茅台卖大众啤酒，自己制造出的乱象，就怪不得消费者不买账了。

2. 适应度原则——延伸品牌产品与母品牌产品适合度要高

提到霸王，你会想到什么？一定是洗发水。可能很少有人知道，霸王还生产过凉茶，只不过早就被市场淘汰了。假如你现在看到有霸王牌的凉茶，你会买吗？你敢喝吗？恐怕怎么想都会感觉凉茶里有洗发水的味道。②

适合度，即消费者认为母品牌企业生产的延伸产品是否合适。如果消费者觉得合适，就有很大可能接受延伸产品；如果消费者觉得不合适，就不会接受延伸产品。

消费者认为适合度高的情形是：（1）延伸品牌产品和母品牌产品可以相互替代，如沐浴液和香皂、洗衣液和洗衣粉等；（2）延伸品牌产品与母品牌产品是互补的，如牙膏与牙刷、笔与笔记本、服装与腰带等；（3）母品牌产品的生产技术可以迁移到延伸品牌的产品上，如洗涤剂与牙膏、摩托车与配件等。

3. 蓝海原则——延伸品牌产品的市场尚未成熟

很多品牌制定延伸策略时，总希望往热门行业和成熟市场里钻，结果品牌延伸产品刚一进入，就被暴揍得鼻青脸肿，甚至都没来得及和消费者真正对上话，品牌就被挤出了市场。即便母品牌是所在领域的顶级品牌，向其他成熟市场进行产品延伸也非常不易，因为每个领域都有各自的顶级

---

① 参见《董明珠将失去的，不只是格力手机》，界面新闻网，2023年5月24日。
② 参见《霸王凉茶为何很快就"凉凉"了？》，搜狐网，2018年11月13日。

品牌,岂能容得新对手来掠夺市场。

市场成熟度可以从两个角度来考虑。(1)国家的发展水平。国家越发达,各品牌产品的质量和性能的差异化越小,消费者的消费经验越丰富,消费也越强调个性化,品牌甚至没有那么重要,品牌延伸的意义相对较小。(2)单一产品市场的发展水平。越是竞争充分的产品领域,消费者对产品的了解就越充分,品牌的优劣或独特性已经显而易见,消费者与品牌的关系也趋于稳定,留给延伸产品的空间不大。

通过上述讲解可知,进行品牌延伸不仅要遵守以上三个原则,还要注意绝对不能脱离母品牌属性,否则企业不仅难以收获品牌延伸的红利,还会遭到巨大打击。如果母品牌是顶级的,品牌延伸失败后,一般只是子品牌会消失在市场中,母品牌不会受到太大影响。但如果母品牌本身只是小品牌,缺乏根基,品牌延伸一旦失败,整个企业很可能会遭到毁灭性打击。为保护品牌资产,再次提醒企业经营者,切忌盲目追求品牌延伸。正如品牌定位理论之父艾·里斯所说:"品牌是根橡皮筋,你多伸展一个品种,它就多一份疲弱。"[①]

品牌联盟:形成合力迎战重量级对手

将一个新产品与一个已拥有丰富品牌联想的品牌联系在一起,或者已存在的品牌通过与本企业其他品牌或其他企业的品牌发生关联,就是品牌联盟。

[①] 参见《定位之父艾·里斯:21世纪的定位访谈实录》,搜狐网,2019年2月26日。

品牌联盟作为一种创建品牌资产的方法，已出现半个多世纪了。例如，1961年贝蒂·克罗克公司和新奇士果农公司一起成功地销售了一种柠檬松软蛋糕配料。①

在互联网兴起后，行业间壁垒逐渐被打破，企业间的隔板也被拆除，彼此合作与相互融合成了主旋律，品牌联盟的趋势更加兴盛。例如，好时公司推出的Heath太妃糖，不仅衍生出了众多新产品，如Heath Sensations（小粒糖果）、Heath Bits及Bits of Brickle（有巧克力外层的纯乳糖制产品），还向许多厂家发放了许可证，如Dairl Queen（用于暴风雪产品）、Ben & Jerry's和Blue Bunny（用于冰淇淋产品）等。

因为品牌联盟涉及多个品牌，可以使定位更独特、更有说服力，且能在现有目标市场上增加产品销量，开辟出新的渠道和消费群体。两个著名品牌结合，能增加消费者的潜在接受意愿，因此，品牌联盟的强强组合可降低产品的市场导入成本。②但品牌联盟也不是只有优点，而没有缺点（见图7-2）。

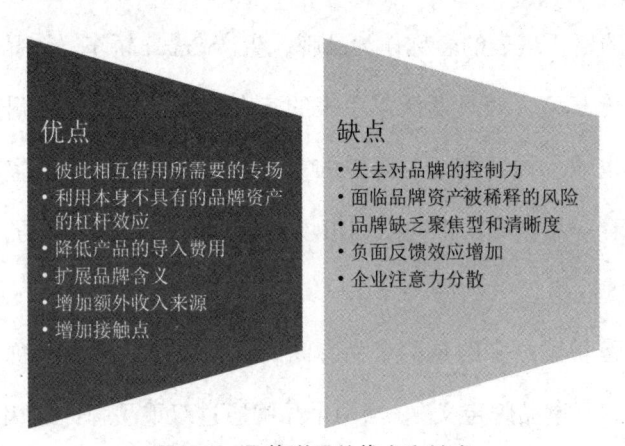

优点
- 彼此相互借用所需要的专场
- 利用本身不具有的品牌资产的杠杆效应
- 降低产品的导入费用
- 扩展品牌含义
- 增加额外收入来源
- 增加接触点

缺点
- 失去对品牌的控制力
- 面临品牌资产被稀释的风险
- 品牌缺乏聚焦型和清晰度
- 负面反馈效应增加
- 企业注意力分散

图7-2　品牌联盟的优点和缺点

---

① 参见《品牌的合纵联盟》，领导力课堂网，2013年10月3日。
② 参见《形成打造品牌合力　改变"制造大国、品牌小国"局面！》，搜狐网，2018年7月20日。

一个品牌在消费者心目中与另一品牌结成联盟后，风险和控制力会削弱。消费者对于品牌联盟内部各品牌的期望值会提升，如果品牌表现未考虑到消费者预期，将对品牌产生不利影响。如果品牌联盟内部各品牌都表现得非常优秀，消费者也不太确定每个品牌代表什么。如果品牌联盟中的某一方签订了多个品牌联盟协定，则会带来过分暴露的风险，使品牌联想的效应被稀释，还可能造成与现有品牌核心诉求的偏离。

要建立强大的品牌联盟，最重要的一点是达成协议的双方（或多方）品牌都须具备足够的品牌能量，强有力的、独特的、偏好的品牌联想，以及消费者对品牌积极的判断和感受。因此，品牌联盟取得成功的一个非充分必要条件是：两方（或多方）品牌各自都有一定的潜在品牌资产。同时，两方（或多方）品牌必须具有合理的匹配性，联盟后的品牌和营销活动能够使各自品牌的优势最大化、劣势最小化。

戴姆勒-奔驰公司和梅赛德斯-奔驰分公司决定使用SMH公司色泽鲜艳的、时尚的斯沃琪表的名称作为品牌，生产Smart轿车。该品牌车将定位为小型、廉价车型，兼具斯沃琪手表的三大特征：经济性、耐用性和潮流感。同时，也兼具梅赛德斯-奔驰的重要特征：安全性及发生碰撞时的安全保障。随着产品被成功推向欧洲市场，随后扩展至全球市场，Smart成了全球知名品牌。[1]

因为品牌联盟更多的是两个品牌间的强强合作，因此也称为"双重品牌计划"或"双重品牌定义"。当两个品牌通过双重品牌计划相联系，同时两种品牌的属性描述完全相同时，双重品牌产生的效果是减少或者消除了对比效应。当两个品牌通过双重品牌计划相联系，目标品牌的定义没有原

---

[1] 参见《Smart紧凑级电动SUV将在中国生产 9月亮相》，新浪网，2021年5月26日。

品牌那样明确时，双重品牌产生的效果增加了同化效应。

品牌捆绑：成分品牌的典型表现

将两个或两个以上现有品牌合并为一个联合产品或以某种方式共同销售，被称为品牌捆绑。但在所捆绑的品牌中，如果有的品牌是其他品牌产品中必不可少的材料、元件和部件，则这种品牌的捆绑形式被称为成分品牌。①

成分品牌旨在让消费者对产品产生足够的认知及偏好，使得消费者不会去购买一个不含该种成分品牌的产品。

相关学者做过一个实验，研究成分品牌如何影响消费者对产品延伸的接受程度，以及通过原有品牌推出延伸产品的效果。他们研究了两种类型的品牌成分品牌策略：（1）补充性延伸，即改变现有产品的属性（如给洗衣粉增加一种新的香味）；（2）新属性延伸，即让产品增加一种全新的属性或特征（如将止咳药水添加到某种糖果中）。在两种成分品牌策略中，通过为目标属性的成分品牌取一个新名称，作为自我品牌要素加以检验。实验结果表明，补充性延伸中的自我品牌要素能够得到较多的对延伸产品的证明评价。

从消费者行为角度看，具有品牌的成分常被视作质量的标志。含有一项具有品牌的属性，会对消费者的选择产生显著影响，甚至在消费者被明

---

① 参见《品牌玩儿"捆绑"，代言人难抵重口味诱惑》，搜狐网，2017年6月27日。

确告知这种属性与他们的选择毫不相关时，也是如此。因为消费者凭经验推断，产品中的成分要素如果具有品牌的话，能带来良好的品质。

因为消费者对成分品牌更具有信任感，导致含有成分品牌的产品更让消费者放心，成了消费者心中的行业标准。有了消费者的信任，品牌建设的成本将极大降低，品牌资产的形成也更加容易。所以，当成熟的品牌努力寻找低费用、高效率的途径时，当潜在成分品牌致力于寻找扩大销售机会时，都不约而同地看到了成分品牌延伸这条路，这也让成分品牌策略日益普遍。

有些企业创立了自己的成分品牌，如雪佛龙的 Techron 汽油添加剂、威斯汀酒店的"天梦之床"、百思买电器的 Geek Squad 技术支持团队等。下面来看看新加坡航空公司在服务运输中是如何运用成分品牌策略的。

新加坡航空的豪华舱中，提供源自法国顶级品牌的 Givenchy（纪梵希）睡床和餐具，以及"意大利工艺专家"Poltrona Frau（玻托那-福劳）手工缝制的沙发。头等舱则配置 Burrwood（博柏利）的真皮座椅。整机使用 KrisWorld（银刃世界）机上娱乐系统和纪梵希毛毯，在豪华舱、头等舱和商务舱，乘客可以享用 Bose（博士）双声道防噪声耳机的音箱系统，经济舱则是 Dolby（杜比）音响。还提供在全球享有一定声誉的厨师做出的佳肴，所有乘客还能加入 KrisFlyer 新航奖励计划。①

这个案例全方面地向我们展示了高端的成分品牌策略：一个产品可以含有多个不同的具有品牌的成分。但成分品牌不是盲目堆砌一堆大牌就能成功的，需要掌握能让其成功的要点：

（1）必须使消费者明确看到或体验到该成分品牌对最终产品的性能具

---

① 参见《测评：新加坡航空全新头等舱套房》，豆瓣网，2019 年 3 月 30 日。

有正面影响；

（2）让消费者相信，只有该成分品牌才能让产品更加出众，其他成分品牌则难以达到这个目标；

（3）设计有特色的符号和图案作为标记，明确告知消费者最终产品中含有该品牌的成分。

品牌授权：日益普遍的类"租借"形式

企业之间关于适用他人品牌的名称、图案、特征或其他品牌元素，以促进本企业品牌的销售，并支付固定费用所达成的协议，就是品牌授权。

从本质上讲，品牌授权就是一个企业"租借"他人品牌以帮助自己的产品创建品牌资产的策略。[1] 由于这是创建品牌资产的捷径，日益受到企业的青睐。

迪士尼公司是世界级大品牌，在许多方面都获得了巨大成功，如电视、电影、主题公园及其他娱乐项目和周边产品。除了品牌本身强大的造势能力外，其不断对外授权也帮助品牌扩大了声望和扩展了领地。不同的产业造就了一批批广受欢迎的明星品牌，下面通过消费品看看迪士尼如何进行这一块儿的品牌授权。

迪士尼消费品历史悠久，最早可追溯到1929年，当时迪士尼授权一家

---

[1] 参见《消费者知识产权意识提高，品牌授权行业迎来高速发展期》，华经情报网，2020年11月25日。

生产儿童写字板的公司可以使用米老鼠形象。20世纪50年代，迪士尼授权美泰公司生产其卡通形象的玩具。经过50余年的运作，在21世纪到来时，迪士尼消费品在全球授权商中位居第一。其中非常出名的有《玩具总动员》系列动漫，第三部的产品授权销售达到了24亿美元，成为当时最受欢迎的卡通形象产品。米老鼠和维尼熊的联合授权许可销售额约占迪士尼授权经营的1/3。[①] 迪士尼授权资源开发部的艺术家和生产商们，在设计、样品制作、生产、包装、广告等各个方面密切合作。

品牌许可授权在娱乐业越来越火，成功的授权对象包括电影名称（如《美国队长》《蜘蛛侠》）、电影人物（如哈利·波特、变形金刚、美国队长、绿巨人）、漫画人物（如加菲猫、小露露）、卡通影视（如《芝麻街》《辛普森一家》）以及卡通影视人物（如史努比、海绵宝宝）。

品牌许可授权能为商标提供法律保护，在特定品类中授权使用某一品牌，可以防止其他企业或潜在竞争者使用该品牌名称进入同品类中。例如，可口可乐公司出于法律保护方面的考虑，在许多产品领域采用了许可授权方式，包括收银机、玻璃器皿、玩具车等。事实证明，可口可乐的授权方案非常成功，该公司现有多类标有"可口可乐"名称的产品出售给消费者。

但凡事有利就有弊，许可授权也是有风险的。如果授权没有节制，就会使商标过度曝光，尤其是当品牌被授权给毫无关联的产品时，会让消费者感到迷茫，进而对品牌产生疑惑。一旦某次许可授权的产品令消费者感到失望，原品牌名称也将被消费者列入失望名单中。

最后要强调，在执行品牌授权时，必须保持谨慎的态度。在执行过程

[①] 参见《迪士尼不止乐园，它还是全球最大的玩具授权公司！》，搜狐网，2016年6月16日。

中，对于合同的合法化、财务安排、营销活动合作等，都必须制订详细计划。卡夫食品公司掌门人艾琳·罗森菲尔德女士说："经营你的品牌就像养育你的孩子一样——你希望能将一切都做到尽善尽美。"① 不同品牌的财务安排各不相同，典型的情况是，使用其他品牌的企业需要支付一些品牌特许使用费。许可方和被许可方的目的都是要从共享的品牌资产中收益，提高许可方的品牌知名度，同时为被许可方带来更多的销售额。通常，品牌授权需要考虑一系列决策因素（见图7-3）。

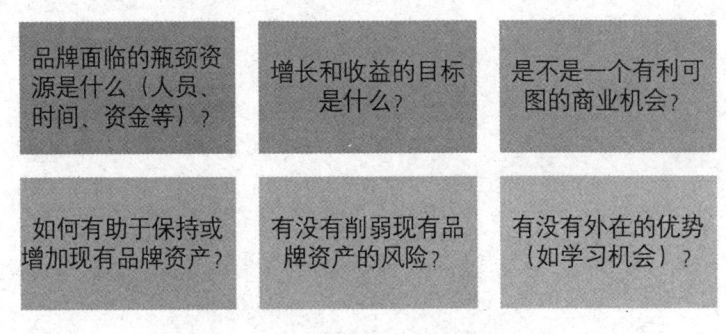

品牌面临的瓶颈资源是什么（人员、时间、资金等）？	增长和收益的目标是什么？	是不是一个有利可图的商业机会？
如何有助于保持或增加现有品牌资产？	有没有削弱现有品牌资产的风险？	有没有外在的优势（如学习机会）？

图7-3　品牌授权的决策因素

---

① 参见《艾琳·罗森菲尔德：曾挫败巴菲特的"甜品"女人》，新浪网，2014年2月16日。

第八章
品牌价值链：品牌在消费者心目中的位置

　　企业构建品牌力，一方面需要在资本市场中拥有塑造的口碑，另一方面需要与消费者建立更深的信任认知，即修炼品牌在消费者心目中的高擎位置。当企业在消费者心目当中取得优势位置，它的品牌就能够与消费者建立信任关系，进而降低交易成本，并实现交易溢价。

品牌体验：消费者为什么选择我

迪士尼的创始人华特·迪士尼一次陪女儿去游乐园玩。那个时代的游乐园都很简陋，且游乐设备也只供儿童使用，家长只能在孩子乘坐设备时在一旁等待。说实话，这种等待的滋味并不好受，首先是担忧孩子会不会出危险，毕竟小孩子的危险意识不强，一些设备的设计幅度和难度还是蛮大的，孩子如果摔下来或者磕碰到哪里，都是不得了的事情；其次是没有与孩子一同游乐的参与感，无法真切体会孩子的快乐，导致和孩子在这方面的共同语言几乎为零。这种一边担忧一边无聊的等待状态，让很多父母都不愿意带孩子来游乐园玩，但又不能一次也不来，所以游乐园的生意并不景气。

已经带女儿来过几次游乐园的华特·迪士尼此时已经是富甲一方的人物了，他在这个过程中逐渐萌生了建造一座融合迪士尼动画风格的、可供大人一同游玩的新型游乐园的想法，并在几年之后将想法付诸实现。[①]

老式游乐园的种种弊端给消费者带去了非常不好的消费体验，而新式的迪士尼主题公园则给消费者带去了强烈的幸福感，增强了消费者的品牌体验。注意这句话：我们提出了两个概念，一个是消费体验，另一个是品

---

① 参见《迪士尼乐园为何能成功？创始人：建筑家和数学家的想象力太匮乏了》，百度百科，2020年2月22日。

牌体验。如果对这两个概念不是很了解，很容易当作一个概念的两种说法。其实，消费体验和品牌体验有着本质上的不同，满足消费体验和满足消费者的品牌体验是完全不同的感受。

消费体验可以解释为消费者使用产品的心理感受，是消费者聚焦于产品的外观与功能带给自己的身体体验之后对产品的印象和评价。鉴于每个人的需求不同，在进行消费体验优化时，需要考虑不同类型群体的不同感受。用一句更简洁的解释是让消费者付出最小成本以满足他们的需求，让他们感觉好用是最终的目的。

迪士尼乐园提供了丰富的娱乐设施、迷人的花车表演、可口的环球美食、炫目的灯光秀和精彩的烟花秀，这些都属于消费体验。好的消费体验能让所有来迪士尼的大朋友和小朋友都玩得尽兴。

品牌体验是消费者在接触和使用产品时，对品牌产生的心理感受。品牌体验决定了消费者对这个品牌的印象和偏好。品牌体验虽然以消费体验为基础，却聚焦于品牌本身的文化、内容和形象，让消费者感到难忘是品牌体验的最终目的。

同样是迪士尼乐园，那种欢乐无忧的气氛，四处洋溢的笑脸，各种卡通人物营造出的美好回忆，都是带给消费者的品牌体验。

也就是说，消费体验注重产品本身带给消费者的使用印象和感受，品牌体验注重品牌文化自然下沉到体验之中。注重消费体验和注重品牌体验能给企业带来哪些不同呢？注重消费体验就要更多地满足用户需求，甚至创造用户需求，最大限度地刺激转化率。但消费者必然会对产品越来越挑剔，希望获得更好的产品，因此很多企业埋怨消费者"习惯性花心"，却忘记了这种"花心"正是企业注重消费体验而赋予消费者的权利。注重品牌体验看似是更加宏大的事情，事实上却简单得多，只是需要时间的沉淀，那些现在世界级的品牌几乎都是用十几年、几十年来沉淀品牌文化，让体验自带品牌属性。

通过上述对比性讲述可知，虽然两种体验的感受者都是消费者，但消费体验更多强调的是满足消费者的实际需求，而品牌体验更多强调的是消费者在整个消费过程中对品牌的心理感受。

消费体验的目的是持续优化消费者的使用感受，避免给消费者带来任何不适感，最好可以超出消费者的预期。这方面做得好的案例是抖音。抖音向上滑动可以自动播放下一条视频，无须用户再进行点击播放的操作，就是顺应了消费者习惯的消费体验。

品牌体验的目的更像一个"探索＋解锁"的过程，需要企业精心地将品牌信息冗余到产品的每一个环节和每一个动作中，让消费者明显感受到品牌的存在感和与众不同之处，并与品牌产生情感共鸣。这方面做得好的案例是苹果公司，不仅产品功能强大，外观设计同样精美绝伦，就连包装设计也是简单大气，有人说"拆苹果的包装就如同进行手工科技"，用最节省的包装做出最华丽的感觉。苹果实体店的整体感觉也与苹果的品牌文化相符，以简约和自然的低饱和度色彩为主，科技与时尚结合，潮流与生活邂逅，一种现代科技感扑面而来。苹果将消费体验完美融入品牌调性，并强化品牌带来的科技感和未来感，让每一个使用苹果产品的消费者都能感受到品牌的魅力。

在消费体验日益从产品层面进入品牌层面的当下，能否消费者留存并产生偏好也越来越不是产品和服务本身，而是附加在产品和服务商的品牌体验上。

品牌识别：成为消费者心目中的首选

每天早晨，闹钟一响，你揉着惺忪的睡眼，随手划过华为 Mate 40 Pro 的屏幕，掀开水星家纺的被子，离开雅兰的床垫，走向法恩莎马桶，拿起小米电动牙刷，挤上黑人牙膏，用丝塔芙洗面奶洗脸，打开海尔冰箱，拿出从美团买菜 App 上购买的曼可顿芝麻仔汉堡，再拿出一盒蒙牛牛奶，吃完饭后穿上海澜之家的衣服，再穿上奥康皮鞋，锁上带有德施曼智能锁房门，下楼开上蔚来电动汽车……这仅是一个人早上接触到的若干品牌而已。如果要把品牌详细写全，几倍都不止，若是列举一个人全天可以接触到的品牌，恐怕几页纸都写不下。

如今，我们每个人都已经不由自主地置身于品牌的海洋里。品牌如同空气一样，好像无声无息，却又无处不在。品牌效应已经占领了人们的心智，人们在选择产品时会身不由己地听从品牌的"意见"，因此，你好像在作自主选择，其实答案早已写在潜意识中了。

品牌铸就的世界，早已到来了；品牌对我们的影响，早已开始了；品牌对消费者心智的塑造，更是早已形成了。

每一样东西都充斥着无数的品牌，没有人能数清楚一样东西究竟有多少品牌的商品，但你总是能记住其中的一两样或几样，为什么？或许你认为是广告的作用，这只是其中一个小方面，一个品牌能进入消费者的记忆是非常不容易的，从产品的设计制造到品牌的营销推广，从企业使命到消费者口碑，方方面面都要做到位，才能在消费者心中留下印象甚至在心目中占有一席之地。

当品牌进入消费者心目中后，消费者和品牌的关系就由"围观"变成了"可选"。面对心目外和心目中的产品时，消费者的消费心理是不一样的。低价的东西和刚需的东西被品质、品牌，以及能带来心理满足感的东西所取代。"这个产品能代表我是什么样的人"，实用主义被价值主义代替了。

那些进入消费者心目中的品牌，发展策略各自差异，但目标一定是一致的，即冲入所在领域品牌排名的前几名。名次对于品牌能否进入消费者心理和在消费者心目中占据哪个位置，起着非常重要的作用。因为消费者不可能每次都从浩如烟海的品牌中重新筛选评估，所以只筛选品牌靠前的商品就容易得多。

诺贝尔经济学奖获得者默顿·米勒在其研究中提出：在每个产品类别里，消费者最多只能记住七个品牌。

《定位》[1]的作者杰克·特劳特进一步指出：其实用户根本记不住七个，最多只能记住前两个。

例如，在软饮料品类里，最容易想到的永远是可口可乐和百事可乐；在搜索引擎领域，人们能记住的是百度和谷歌；在国内电商平台领域，最先想到的是淘宝和京东。

并不是说第三以后就无人知晓了，其实在很多行业排名第三以后的品

---

[1] ［美］艾·里斯、杰克·特劳特：《定位》，邓德隆、火华强译，机械工业出版社2021年版。

牌也一样被很多人熟悉。例如，国内快递领域，除了前两名的顺丰和京东，还有韵达、申通、中通、极兔等，但只有在寄送不重要的东西时，才会想到后面这些快递，寄送重要东西基本都会选择顺丰和京东。

很多领域的竞争都不是前两名能占据绝大多数的市场份额，而是领先幅度并不大，因此第三名到第七名的追击竞争更加激烈。例如汽车领域，前十名品牌的排名恐怕都拉不开多少差距，大众耳熟能详的汽车品牌非常多，但对中国人来说"BBA（奔驰、宝马、奥迪）"永远是"王中王"。这就是进入消费者心理的好处，消费者只要想到这个领域，头脑中总是能在第一梯队想到首选品牌。

品牌从千军万马中杀出来，成为进入消费者心理的前几名，甚至成为占据消费者心理的首选，是企业和品牌为之奋斗的终极目标。作为企业和品牌该怎么办呢？应该做的不是传播更多的信息，相反，要尽量简化信息，让传播的内容越简洁越有针对性越好。尽可能使用消费者及潜在消费者的行为方面的资料作为产品定位、市场运营和品牌建设的依据，相信消费者的"行为"资讯比其他资料，如"态度与意想"的测量结果，更能清晰地显现消费者在未来将会采取什么行动，即消费者以后的消费心理和消费行为。

总之，品牌是企业和市场运营成功的重要体现，也是企业内外部资源整合和战略发展的灯塔，还是企业力争在目标受众心目中塑造"最优解决方案提供者"的形象，使自己的品牌成为消费者心目中的必选、首选，甚至唯一选择！

品牌承诺：传递与消费者建立长久关系的渴望

在心理学上，人们将承诺定义为"渴望维持一段关系"的意图。在现实中，只要看到一个人向另一个人作出承诺，就代表着这个人更渴望拥有一段从当下到未来的关系。当然，另一个人是否接受这份承诺，就是另外的概念了。

仔细想一想，这个世界上，最喜欢对人承诺的是什么人？不是伴侣，不是朋友，不是亲人，而是企业经营者或品牌创建者。例如，海尔的承诺是"品质保障"，为了兑现品牌对消费者的承诺，海尔还做出过"砸冰箱"的壮举。

电视剧《大宅门》中，因为儿子白敬业主张往药里掺假，白景琦知道后，决定烧掉全部假药，在烧药现场他是这样说的："甭说是七万两，就是七十万两，我把本儿全烧光了，我关门歇业回家吃窝窝头去，我也不干亏心的事。这是图财害命呢！还是那句话'修合无人见，存心有天知'。"

《大宅门》中反复出现的那句"修合无人见，存心有天知"，就是百草厅的品牌承诺。享誉全球的同仁堂也有传承的古训"炮制虽繁必不敢省人工，品味虽贵必不敢减物力"，翻译成大白话就是不做假药和不卖假药。这是那个时代的品牌承诺，同仁堂制作每一味药都谨守立下的品牌承诺，这个承诺一点儿没走样地被传承到了今天，造就了同仁堂百年不倒的口碑。

由此可见，品牌承诺对企业发展的重要作用。那么，究竟什么是品牌承诺呢？就是企业对消费者做出的品牌利益和产品性能方面的综合许诺。消费者可以期待通过品牌获得有形利益、情感诉求和无形价值等多方面的收益。

品牌承诺包含产品承诺，又高于产品承诺。一个整体的产品概念包括三个方面：核心产品、形式产品、延伸产品。一个产品在这三个方面的标准就是产品承诺。一个品牌向消费者承诺什么，反映出一个企业的经营理念；一个品牌的终极追求，反映出决策者超越产品的品牌规划能力和企业经营者对企业未来的规划能力。

因此，相比于产品承诺，如"包退包换"这种实际利益，品牌承诺包含了更多的情感保证。可以说，品牌承诺是为了传递与消费者建立长久关系的强烈渴望，并作出的情感承诺，从而提高消费者的忠诚度。[1]

很多人认为，品牌承诺的价值点一定是可见的或者是可验证的。就像同仁堂的"炮制虽繁必不敢省人工，品味虽贵必不敢减物力"古训，如果违背了这个品牌承诺，必然会导致药性、药效大减，从而很快被消费者发现。

但是，可口可乐的品牌承诺是"爽"这种感觉，这样的品牌承诺做不到可见，也做不到被验证。但人们还是在大量消费可口可乐，原因是品牌为大众构建了可以感知"爽"这种感觉的心理认知。那么，可口可乐是如何将无法验证的品牌承诺刻画在消费者头脑中的呢？可口可乐的品牌承诺不是靠说，而是靠场景营造。为可口可乐代言的，都是年轻人心中的偶像，穿着热辣劲爆的服饰，在炎热的环境里大口大口喝可乐，喝完还舒爽满足

---

[1] 参见《"信任长在"面向未来的品牌承诺》，人民网，2018年6月15日。

地长出一口气。这种场景制造会不会让你体会到"爽"的承诺点呢！

场景营造最忌讳的是承诺本身设计得广泛且空洞，让场景无法发挥应有的作用。因此，有效的品牌承诺场景必须实现两个目的：

（1）为消费者创造所期待的价值；

（2）价值必须通过该品牌才能实现或更好地实现。

产品质量和品牌体验决定了品牌承诺是否能真正被交付。在提炼品牌承诺时，应注意避免夸大其词，要做到实际体验与承诺相符。当消费者相信品牌并通过实践发现品牌遵守承诺后，就会成为该品牌的忠实拥护者。

品牌判断：消费者对品牌的个人评估

消费者对品牌的个人喜好和评估，就是品牌判断。每个消费者对于同一品牌的判断都有明显差异或细微差异，即没有两个消费者对同一品牌的判断是完全相同的。即便消费者都喜欢一个品牌或者都讨厌一个品牌，也是各有各的喜欢，各有各的讨厌。产生这种差异的原因在于，消费者将不同的品牌功效与形象联想结合起来，产生了对品牌不同的看法。[①]

消费者对品牌通常会形成各种不同的判断，我们列举其中关键的五种类型。

1. 品牌质量

品牌质量是消费者对品牌的整体性评价，是消费者选择品牌的基础。

---

① 参见《如何建立品牌判断和品牌感受》，知乎网，2022年6月14日。

消费者往往通过品牌质量来定义自己对品牌的态度。

例如，消费者对希尔顿酒店的态度，依赖于他们在多大程度上相信这个世界级酒店的品牌，相信的结果就是产生对品牌非常有利的特定联想，如地点的便利、房间的豪华、外观的宏达、员工素质的高度、娱乐设施的完善、用餐食谱的丰富、安全系数的拉满等。

消费者对品牌会形成一系列的品牌态度。其中最关键的、最核心的就是感知质量。感知质量是品牌资产测量方法中的重要指标。品牌资产得分最终由测量的品牌熟悉度、品牌质量和消费者购买意向计算确定。

2. 品牌信誉

消费者根据专业性、可靠性、吸引力、创新力四个指标判断品牌可信任的程度。具体有四个方面的含义：（1）该品牌是不是市场的领导者（专业性）？（2）该品牌是不是可以依赖的（将消费者利益放在重要位置即可靠性）？（3）该品牌是否值得付出时间（吸引力）？（4）该品牌是否具有延展能力（创新力）？

品牌信誉反映了消费者是否认可品牌背后的企业或组织是优秀的，企业是否关心消费者及其消费偏好。

3. 品牌个性

消费者认知中的品牌所具有的人类人格特质，可以从真诚、能力、刺激、经典和粗犷五个维度构建。

塑造品牌个性之所以有效，其原因在于消费者与品牌建立关系时往往会把品牌视作一个形象、一个伙伴或一个人，甚至会把自我形象投射到品牌上。品牌个性与消费者个性或期望个性越吻合，消费者就越会对该品牌产生偏好。广告代言人、卡通形象等都可以用来塑造品牌个性。

4. 品牌考虑

具有良好的品牌态度和品牌信誉是重要的，但重要不代表就一定能成功。如果消费者对品牌质量和品牌信誉都非常满意，但最后并没有购买，虽然之前的"满意"仍然算数，却并未产生实质性转化。

品牌考虑取决于消费者是如何看待该品牌的，无论某品牌被捧得多高，除非消费者认真地考虑该品牌，否则就将远离该品牌，甚至极大可能永远不会购买它。苹果电脑从惊艳世人的那一代开始，已经十几年了，有多少"果粉"一直追随而来，也有太多人从始至终未购买过一部苹果手机。这些未购买者中也有一些人觉得苹果手机确实不错，但因为价格或者使用习惯等原因而选择不入手。由此可知，品牌考虑在很大程度上取决于消费者对品牌产生的强有力的、偏好的品牌联想有多少，这种品牌联想越多则转化率越高，反之则越低。如果一个人对苹果品牌有强烈的偏好，即便贵些也会狠心购买，以满足消费需要。

5. 品牌优势

消费者认为一个品牌比其他品牌更为独特的程度，即消费者是否相信该品牌具有其他品牌所没有的优势？

联邦快递（FedEx）最早的广告"它绝对且肯定会在第二天送达目的地"，强调了该快递的速度、能力和可靠，这些也是联邦快递的最大优势。后来该快递的广告词"世界在变，联邦快递在你身边"，强调了"世界永恒之一，即是联邦快递"的企业使命。该公司希望用户视自己为最可信赖的伙伴，不断完善遍布全球的运输业务。为此，联邦快递还筹拍了一部电影《荒岛余生》，好莱坞影帝汤姆·汉克斯出演一位意外流落荒岛4年之久的普通快递员，在衣食无着的时候也没有打开那个加急包裹，并在获救后将这个包裹送到收件人的家门口。

什么是品牌优势，联邦快递塑造的无与伦比的快速和值得信赖就是品牌优势。品牌优势对于建立紧密、积极的用户关系非常重要，而且在很大程度上依赖于独特的品牌联想的数量和属性，因为正是这些品牌联想，构成了品牌形象。

品牌感受：消费者在情感上对品牌的反应

品牌的市场营销战略或其他手段能够激发起怎样的消费者感受？品牌是如何影响消费者对自己的感受以及与别人的关系的？这些可能是温和的，也可能是紧张的；可能是正面的，也可能是负面的。

很多企业经营者认为打造品牌就是做广告，觉得只要不断地打出广告，自然就能影响消费者。广告确实能够影响消费者，但广告影响消费者的哪个层面呢？是听觉层面、视觉层面、记忆层面、思维层面，还是心理层面？这几个层面是递进关系，听觉不如视觉，视觉不如记忆，记忆不如思维，思维不如心理。

听觉层面的影响等于是消费者怎么也摆脱不掉广告的影响，只能"贡献"自己的耳朵。视觉层面是消费者不仅听到了广告，还愿意认真看一看广告。那些网络视频或游戏中夹杂的广告，对于用户而言绝大多数都属于"噪声"，因为没有会员而无法关掉，缩小屏幕后广告时间是原地不动的，就只能憋着性子听着、看着。

记忆层面的影响就深入了，最起码说明消费者对这个品牌广告不那么反感，也因为听的看的次数多，就记住了。电视上的部分广告属于能够影响到消费者记忆的级别，但也仅限于此。

能够进一步影响消费者思维的广告就属于优质广告。消费者听到这种品牌的广告，不仅不反感，还记住了，更重要的是还进行了思考，和品牌产生了思维上的交流。或许会思考产品的功能，或许会思考品牌的由来，或许会思考是否有必要购买。

最高级的广告是能影响消费者心理的，消费者不仅会思考广告传递出来的信息，还会进一步被产品吸引，探索广告背后关于品牌的一些东西。

品牌广告打下去的都是成本，如果收效甚微，就是因为广告根本没有找到打开消费者心理的开关，优秀的品牌战略既体现了产品的优势点，又能与竞品形成独特的差异点，更是消费者需求的痛点，这样才能引发关注，消费者达到共鸣。

盛世长城广告公司的凯文·罗伯茨认为："公司必须超越品牌，创建为'可信赖的符号'，即成为消费者从情感上渴望和该品牌结合在一起的名称或符号，最终成为'最钟爱的符号'。"[1]

"可信赖的符号"真正属于那些钟爱品牌的人，因此，与消费者的感情连接非常重要。品牌所激发的感情可以让消费者在购买或使用该产品时强烈地感受到。研究人员把移情广告定义为改变消费者关于产品实际使用体验的感知类广告。

---

[1] 参见《盛世长城全球CEO：三年内为中国广告赢戛纳金狮》，新浪网，2005年4月30日。

Corona Extra（科罗娜啤酒）通过"beach in a bottle（瓶中的沙滩）"的广告而超越 Heineken（喜力），成为美国进口啤酒市场中的领导品牌。其设计的广告脚本"Miles Away from Ordinary"，就是把饮酒者至少从灵魂中拉回到充满阳光、静谧的沙滩。[①]

越来越多的品牌正在效仿已经成功的品牌，给品牌注入消费者的情感，以下是品牌感受的六种主要类型。

（1）温暖感。品牌能让消费者有一种平静、安逸的感觉。

（2）欢乐感。品牌能让消费者感到有趣、轻松、开心、愉悦。

（3）兴奋感。品牌能让消费者充满活力，觉得自己很酷。

（4）安全感。品牌能让消费者感觉安全、舒适、自由和充满自信。

（5）自尊感。品牌能让消费者觉得自己很优秀，有成就感和自豪感。

（6）社会认同感。品牌能让消费者觉得自己在周围人眼里各方面都很棒。

品牌认知：消费者对品牌的固有印象和感知

品牌引爆应采取饱和攻击而非渐进式宣传，应当力争先入为主抢占用户心智。艾·里斯和杰克·特劳特合著的《商战》一书中，指出：如果你希望给别人留下深刻印象，那就不能花费时间逐渐地影响别人以博得好感，认知并不是那样形成的，必须如暴风骤雨般迅速进入人们的头脑。

---

① 参见《科罗娜凭什么这么畅销？》，搜狐网，2019年2月13日。

品牌认知如同一场争夺战，争夺品牌在消费者心中的地位和占比。[①] 分众传媒创始人江南春认为，一条好的广告语需要满足三个关键因素：产品优势、跟竞争对手的主要差异、消费者的痛点。

某人去医院拔牙，因为要同时在口腔两侧拔三颗牙齿，一周之内都不能咀嚼，就在京东上买了一个小米破壁机。考虑到后期还要戴隐形牙套，为了保证牙齿的深度清洁，又在京东上买了一个小米冲牙器。

这个人为什么买的都是小米的产品？还都是在京东上购买的？一定是认为小米的产品不错，性价比高，颜值也高。而京东是大平台，其自营产品送货快，质量还有保证。像这个人这样购买商品的经历，相信很多人都有过，遵循大脑中对商品的固有印象和感知而作出选择，就是品牌认知。

例如，大多数消费者对于小米的印象，一定离不开"产品不贵""外观不丑""还挺好用"的感知。总结之后则是，小米是"高性价比的品质好物"，这就是小米向消费者传达的品牌认知。如果消费者想购买一款"又好用、又不贵、又看得过去"的产品，在内心的推动下，会自然想到小米。

一些做垂直领域的品牌，也有其固定的品牌认知，比如专门做"萌家电"的小熊电器，定位白领人群的中高端家电品牌摩飞，做时尚穿戴的SKG等。

占领消费者心理，就是品牌认知的作用。当消费者想买一样东西时，就会因为平时积累的一些品牌认知而自然联想到某个品牌。人性都是懒惰的，品牌认知会降低消费者的选择成本。所以，企业应该在一个明确的品牌定位下选品定款，研发产品，在消费者心中形成统一的品牌认知。

[①] 参见《答疑支着篇：品牌认知对消费者购买行为有啥影响？》，搜狐网，2021年2月17日。

第八章 品牌价值链：品牌在消费者心目中的位置

品牌可以分为多品类品牌和单品类品牌，这些都需要结合一定的方法打通消费者的心理渠道。通常，单品类品牌通过差异化的功效定位形成不同的品牌认知，多品类品牌通过产品的共性打造不同的品牌认知。

例如，单品类品牌中，同为饮料的红牛的品牌认知是"提神"，王老吉的品牌认知是"降火"，提神和降火是两种不同的功效，是消费者对这两种饮料品牌的不同认知；同为洗发水的霸王的品牌认知是"防脱发"，海飞丝的品牌认知是"去屑"，飘柔的品牌认知是"柔顺"，防脱发、去屑、柔顺是三种不同的状态，是消费者对这三种洗发水品牌的不同认知。

例如，多品类品牌可以通过原材料的共性：用棉花这种原材料打造全棉时代，"纯棉"就是全棉时代的品牌认知，而棉花的背后隐藏的门槛是资源和技术。

再如，多品类品牌可以通过技术和设计的共性：戴森的品牌认知是高科技的高端时尚产品，那么高技术和科技美学就是戴森的品牌定位。

又如，多品类品牌可通过品类和设计的共性：小米和名创优品有类似的品牌认知，但二者的产品品类不同，且小米在产品形象上做得更好，更具有统一性。

品牌认知并非一劳永逸，因为品牌也有生命周期，很多老品牌为了不被新时代抛弃，都在循着时代的脚步往年轻化的方向走。其实根源上并非品牌老了，而是消费者的偏好在不断更迭，试想一下，十几年前的消费者偏好和十几年后的消费者偏好能一样吗？

第九章
品牌利益点：对品牌资产进行全面评估

对品牌资产进行全面评估，可以为品牌的营销推广提供有关品牌的及时、准确的可行信息，以便制定出最佳的短期战术决策与最佳的长期战略决策。

开发品牌资产评估系统的目标是，尽可能全面理解品牌资产的来源和结果，以及二者之间的关系。

品牌审计：审查品牌资产的来源

品牌审计是针对一个品牌资产的来源所进行的全面审查。品牌审计的作用在于评估品牌的健康状况，揭示品牌资产的来源，并提出改进、利用杠杆提升品牌资产的建议和方法。[1]

品牌审计要求从企业和消费者两个方面来理解品牌资产的来源。从企业的角度来看，要弄清当前企业向消费者提供了什么样的产品和服务？它们是如何销售和推广的？从消费者的角度来看，要弄清品牌和产品究竟给自己带来了什么样的感受和利益？

品牌审计能帮助品牌正确设定战略方向。当企业的品牌战略发生改变时或准备改变时，都必须进行品牌审计，一些非常重要的问题一定要问。例如，该品牌资产的来源令人满意吗？现在的品牌联想需要强化吗？品牌缺乏独特性吗？现存的品牌机会以及对品牌资产的潜在挑战是什么？

有规律地实施品牌审计如半年审、年度审、三年审等，要求企业经营者能够准确把握品牌脉搏。

品牌审计的核心工作是品牌盘查，目的是针对企业所有产品和服务如何进行销售及品牌化，提供及时的、全面的轮廓结构：需要把每个产品和

---

[1] 参见《所谓品牌审计，是指对品牌进行全面的、综合的、系统的审查》，凤凰新闻网，2018年12月29日。

每项服务都描述出来，并形成书面形式的要素目录：名称、标识、口号、故事、包装，其他已使用的商标、产品的内在属性，或者品牌的特征、价格、分销政策等，以及其他与品牌有关的营销活动。

将品牌审计应用到营销中，也称为营销审计，是为了确定问题并提出改进企业营销业绩的建议，而对一个企业或一个业务单位的营销环境、营销目标、营销策略、营销活动所实施的完整的、独立的、定期的检查。营销审计一般分为三个步骤，可以通过专注于企业活动来确定企业营销运行效率和效果的内部工作（见图9-1）。

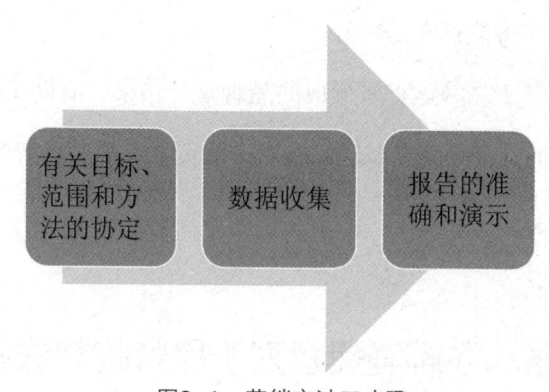

有关目标、范围和方法的协定 → 数据收集 → 报告的准确和演示

图9-1 营销审计三步骤

通常企业会成为一个品牌审计相关的"作战室"，任何多样的营销活动都会在里面展示或被评估。视觉信息和口头交流能够帮助人们形成更清晰的思路。

品牌盘查主要包括三个方面的内容：（1）所有产品和服务如何运用品牌元素进行品牌化？（2）怎样经营，以及相应的营销计划如何支持品牌活动？（3）对竞争品牌进行尽可能详尽的盘查，以确定共同点和差异点。

品牌盘查的结果应该是准确的、全面的、详细的和及时的。品牌盘查对于品牌建设的作用主要在于，提升消费者对品牌的感知基础。尽管品牌盘查主要是一个描述性的活动，但也能提供一些有益的分析，甚至可以就如何更好地管理品牌资产进行相关探索。例如，经营者可以对不同产品或服务共用一个品牌名称的情况进行一致性评估。再如，同一个产品的品牌名称、标识等是否具有不同版本？如果有不同版本，形成的依据是什么？这些版本各自的目标市场又是怎样的？

当企业产品跨越市场边界，并且延伸到其他品类时，品牌和营销的外在形式通常在本质上是有所偏离的。一个完整的品牌盘查应该能够展示品牌的一致性。同时，在不同的产品共同用一个品牌名称时，品牌盘查能暴露出这些产品之间可能存在的差异。

综上所述，基于品牌盘查所形成的品牌审计结果，有助于揭示给品牌资产带来负面效果的冗余品牌，减轻品牌资产的负累，提升品牌资产的价值。

品牌探索：了解消费者对于品牌的想法和感受

品牌探索的研究目的是了解消费者对于品牌的想法和感受。[1]有两项准备工作是品牌探索必须做的。

第一项，查询报告。在多数情况下，许多前期的研究报告也许还存在，并依然有价值。因此，通过查看企业内部档案，或许可以发现已经被遗忘的某份报告是非常重要的，这些报告有可能对一些重要的问题有着真知

---

[1] 参见《消费新力量 年轻新态度——Z世代消费行为分析与思考》，手机光明网，2022年2月21日。

灼见。

第二项，访问员工。了解员工对消费者关于本品牌及竞争品牌的看法，内部访谈中会出现各种不同的观点，观点的多样性有利于增大产生有用想法的概率。

准备工作完成后，需要进一步研究，以便更好地了解消费者是如何产生购买欲望和购买行为的，消费者又是如何看待、购买和使用其他品牌的。为了更广泛、更深入地了解品牌，在进行品牌探索时需要先使用定性方法进行研究（见图9-2）。

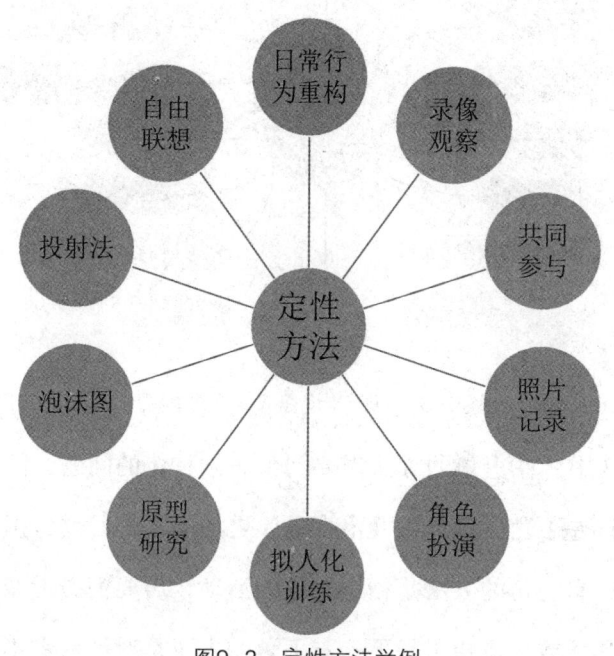

图9-2 定性方法举例

上述定性方法也仅是举例，还有若干方法并未列出。鉴于如此多种的定性研究技术，企业必须认真考虑选择哪种定性方法进行研究。理想情况下，定性研究作为品牌探索的组成部分，应该在其涉及的方向和深度以及技术的多元化领域不断变化。无论采用哪种技术，定性研究的挑战始终是如何提供准确的解释——通过消费者的明确答案来研究他们的言外之意。

定性研究的有效结果是建立心理地图。心理地图可以准确、详细地描述所有突出的品牌联想以及目标市场/用户对品牌的反应。

建立消费者心理地图最简单的方法是询问消费者最先想到的品牌联想，即当消费者想到品牌时，脑海中最先出现的东西（见图9-3）。

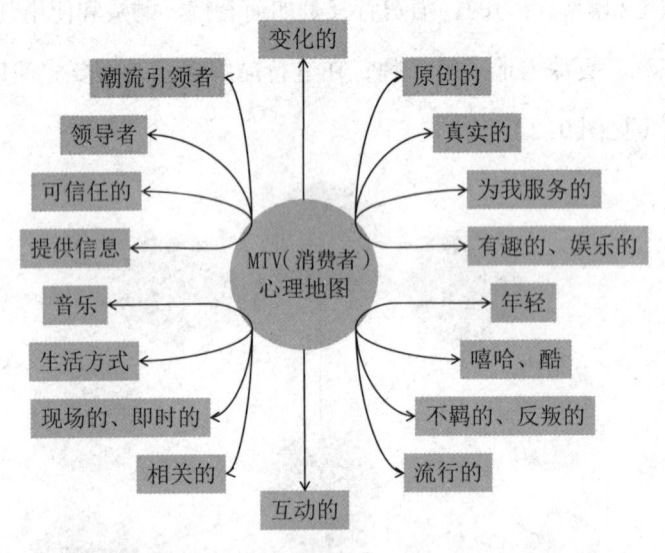

```
        潮流引领者        变化的      原创的
                                      真实的
        领导者
        可信任的                      为我服务的
        提供信息    MTV(消费者)      有趣的、娱乐的
                    心理地图
        音乐                          年轻
        生活方式                      嘻哈、酷
        现场的、即时的                不羁的、反叛的
        相关的        互动的          流行的
```

图9-3　MTV（消费者）心理地图

在图9-3中，左上角的方法需要问到非常具体的问题，问题的答案也很容易理解；左下角的任务涉及潜在的、更加丰富的问题，但这些问题更加难以理解；右上角的方法是精心设计的活动，需要消费者亲自参与，这些活动可以具体或大概指引一下；右下角的方法是对消费者不同行为的直接观察。

定性研究是具有建议性的，但明确评价和品牌联想的强度、偏好性、独特性，常常要求研究者进入定量研究阶段。

进行定量研究的指导原则是对于定性研究阶段所发现的所有潜在显著

性联想，均应根据其强度、偏好性及独特性进行评估，还应研究具体的品牌理念、品牌使命、品牌文化，以及能反映品牌资产来源的整体性品牌态度和行为。

不仅要对本企业品牌进行定量研究，对竞争品牌也应采用相同的方法进行研究，以便更好地理解竞争品牌的资产来源，以及双方在目标市场上抗衡的实力和消费者对双方品牌的心理倾向性。

最后强调一句，进行定性和定量研究不能只集中于某一品牌元素上，如品牌名称上，而应将相关品牌元素都加以研究，才能获得品牌认知的深度和广度。

品牌追踪：定期从消费者处收集信息

由于围绕品牌有很多的营销活动，如企业进行品牌延伸或者为支持品牌而增加传播方式，因此要对每一项活动都进行研究，不仅成本很高，且非常困难，完成的难度很大。但企业仍然要进行这些研究，研究的结果或多或少会影响品牌营销推广方案，并非所有的后续研究结果对前期方案都有正确的影响作用，有时候后续研究结果反而是错的。因此，必须监控品牌及品牌资产的健康状况，并在必要时作出调整。这种监控往往都是短期行为，因为时间拉长会加剧错误率的发生和错误行为的堆积，而应短期监控，短期上传，短期修改。

为获得短期品牌战术决策信息，企业需要通过持续的追踪研究获取相对笼统的、与品牌相关的信息,这就是品牌追踪。在为提高日常决策效率提供持续的基本信息过程中,品牌的追踪研究作用举足轻重。[1]

品牌追踪研究需要在一段时间内按惯例从消费者那里收集信息。品牌追踪研究通常运用定量的研究方法,以测量一些关键维度对品牌绩效的影响。

一套好的追踪研究技术,能帮助企业经营者更好地理解一些重要因素,如品类动态变化、消费者行为、竞争机会和威胁、营销效率和效果等。通常需要针对品牌面临的具体问题,提供个性化的追踪方法。

追踪单个品牌,需要使用品牌回忆、品牌再认的方法,程序上需要从一般的问题转变为较为具体的问题,从而测量该品牌的认知度和形象值。可以分为以下三个步骤进行:

第一步,问消费者在某种情况下,什么品牌会浮现在脑海中;

第二步,在不同品类暗示的基础上,询问消费者能回忆起什么样的品牌;

第三步,进行品牌再认的评估(如果有必要的话)。

需要在品牌追踪调查中运用从一般问题到特定问题的大范围评估程序,以评估品牌形象,尤其是对于特定的感知和特定的评价更是如此。

特定的感知指消费者认为该品牌的特征是什么,特定的评价指品牌对消费者而言意味着什么。

进行品牌追踪研究,还要解决如下两个问题。

1. 追踪的对象

追踪通常是针对品牌当前的消费群体,可以分为消费量多的消费者和

---

[1] 参见《品牌跟踪的作用》,知乎网,2021年4月28日。

消费量少的消费者，看看二者间的区别是什么。还要根据细分市场进行问卷调查，至少也应进行一部分问卷调查，才能更好地捕捉每一细分市场的具体问题。

考察非品牌消费者甚至整个产品类别也大有裨益。例如，追踪忠于本品牌的消费者，追踪忠于其他品牌的消费者，追踪在品牌间摇摆不定的消费者，都对品牌下一步决策的制定有帮助。

2. 追踪的时间

追踪必须是持续的，这样才能消除偏差和非正常营销活动或因时间带来的干扰。因此，要在一个相当长的时间段内从消费者那里连续不断地收集信息。

追踪研究的品牌取决于产品购买的频率和该品类的消费者行为。通常对耐用品追踪的频率要低于消耗。一些企业甚至每天都对不同的消费者进行一系列特定的采访，并将这些采访素材经过处理后写入每周/每月报告中。

品牌投射：诊断消费者真实想法的有效工具

企业希望消费者能够准确、完整地描绘对品牌的感受，只有获得真实可靠的信息才能对产品和服务作出最优质的调整。但是，消费者并非在所有场合下都愿意暴露自己对品牌或产品的真实感受，而是作出一些"恰如其分"的回答，因为消费者也会揣摩企业的想法，觉得自己应该说出能令企业满意的答案。

还有一种情况是，当消费者被问及一些问题时，他们很难识别并表达自己真实的感受，即很想准确反馈又难以做到。这种情况也严重降低了企业与消费者的意见交换效果。

基于上述原因，如果继续采用常规的研究方法，就不可能获得准确的消费者意见。必须采用一些非常规的研究方法，才能准确地描述品牌。我们推荐的非常规方法是投射法。

投射法用于诊断那些不愿或不能在某些问题上表达自我感受的消费者真实想法的有效工具。

投射法的主要思路是让消费者补充完整一个不完整的"刺激物"，或者让消费者描述完整一个含义模糊或本身无意义的"刺激物"，消费者在进行测试的过程中会暴露真实的感受和观点。在调查个人深层动机或个人、社会敏感问题时特别有效。

投射法的著名实验是罗夏测验，由瑞士精神科医生、精神病学家赫尔曼·罗夏创立，这种方法现已被世界各国广泛使用，是非常著名的人格测验，也是少有的投射型人格测试。通过向被试者呈现标准化的由墨渍偶然形成的模样图（刺激物），让被试者自由说出由此所联想到的东西，然后将这些反应用符号进行分类记录，加以分析。

具体做法是：将10张经过制作的墨迹图以一定顺序排列，其中5张为黑白图片（1、4、5、6、7），墨迹深浅不一；2张（2、3）为黑白图片，加了红色斑点；3张（8、9、10）为彩色图片。这10张图片都是对称图形，且毫无意义。

罗夏向被试者提出三个问题，分别是：

（1）这看上去像什么？

（2）这可能是什么？

（3）这使你想到什么？

然后记录被试者的如下反应：

（1）回答的语句。

（2）每张图片从出现到有第一个反应所需的时间。

（3）各反应之间较长的停顿时间。

（4）对每张图片反应总共所需的时间。

（5）被试者的附带动作和其他重要行为。

做这种实验的目的，是引导出被试者的生活经验、情感经历、个性倾向等。被试者在描述图片时，会将自己的心态投射到情境之中，在不知不觉中便会暴露自己的真实心理。

投射法分析消费者在营销学中的应用由来已久，它始于20世纪40年代末至50年代的动机研究。最著名的案例是梅森·海尔在20世纪40年代末进行的消费者对速溶咖啡的潜在心理实验。

速溶咖啡是20世纪40年代开始进入市场的。因为咖啡的速溶性，优势便是物美价廉，操作方便、节省时间，很适合现代人的生活节奏。然而，当在广告中大力宣传该产品的上述优点时，并没有得到消费者的认可，产品销量非常不好。于是，雀巢公司请来了消费心理学家梅森·海尔进行该产品广告的市场调查，找出问题症结所在，以确定消费者拒绝这种省时省事产品的原因。

梅森·海尔团队首先使用传统问卷调查的方法调查了人们对雀巢公司较早的一种速溶咖啡——Nescafe的态度。接受调查者被问及是否饮用过速溶咖啡时，有人回答"是"，也有人回答"否"。再问那些回答"否"的人对速溶咖啡有何看法时，其中大部分人的回答都类似"不喜欢这种咖啡的味道"。这就很奇怪了，这些人从未喝过速溶咖啡，怎么会形成"味道不好"的印象呢？再让这些人实际品尝速溶咖啡和新鲜咖啡的味道时，结果大多数人又说不出真正的差别。

鉴于这种情况，梅森·海尔团队和雀巢公司都认为，人们不喜欢速溶咖啡的真正原因并不是味道不好。为了搞清楚消费者拒绝购买速溶咖啡的真实动机，梅森·海尔团队改用了一种称为角色扮演法的投射技术，进行深层研究。[①]

这次不再直接去问人们对这种咖啡的看法，而是编制了两张购物清单，分别让两组主妇（调查对象）阅读，并请她们描述一下"写这两张购物清单的主妇有什么样的特点"。两张清单上的内容几乎完全相同，只有咖啡条目不一样，购物清单 A 上是速溶咖啡，购物清单 B 上是新鲜咖啡（见图9-4）。

看了购物清单 A 的主妇中有 48% 的人称该购物者为懒惰的、生活没有计划的女人，还有 16% 的人更直接地说该购物者不是一位合格的主妇，只有 4% 的人说该购物者是勤俭的女人。

购物清单A	购物清单B
• 1盒Rumford发酵粉 • 2条Wonder面包 • 1捆胡萝卜 • 1磅雀巢速溶咖啡 • 1.5磅汉堡 • 2听Del Monte桃子 • 5磅土豆	• 1盒Rumford发酵粉 • 2条Wonder面包 • 1捆胡萝卜 • 1磅麦氏新鲜咖啡 • 1.5磅汉堡 • 2听Del Monte桃子 • 5磅土豆

图9-4 两张购物清单

[①] 参见《买速溶咖啡的家庭主妇是个懒惰的、邋遢的、生活没有计划的女人？！》，搜狐网，2017年2月12日。

看了购物清单 B 的妇女中没有人认为该购物者是懒惰的、生活没有计划的女人，更没有人指责其不是合格的主妇，有一些人也称赞这位主妇是懂得勤俭的。

从所得结果中能很明显地看出两组被测试的主妇对想象中的那位"购物清单主妇"的评价完全不同，揭示了当时接受调查的主妇们的内心存在着一种观念上的偏见，即作为家庭主妇应当以承担家务为己任，否则就是懒惰的、挥霍浪费的、不会持家的主妇。而速溶咖啡突出的方便、快捷的特点，恰与这一偏见相冲突。购买此种咖啡的主妇被认为是喜欢凑合、懒惰的、生活没有计划的女人，这就是主妇们冷落速溶咖啡的深层动机。正是在这样的偏见之下，速溶咖啡广告中宣传的易煮、有效、省时的特点在消费者（主妇们）心目中产生了一个令人不愉快的印象，成了主妇们消极体验的产品，失去了积极的心理价值。

经过这一次颇具波折的调查研究之后，雀巢公司改变了原来的广告主题，在营销推广上不再突出速溶咖啡不用煮、不用洗煮咖啡工具等省时省事的特点，转而强调速溶咖啡具有美味、芳香，以咖啡的色泽和质地吸引消费者（主妇们）。避开家庭主妇们偏见的锋芒，消极印象被克服了，销路从此打开。

虽然投射法并非每次都能像该案例这样产生巨大作用，但它经常能以一些有用的、深刻的介绍，帮助企业更完整地描绘消费者以及他们与品牌的关系。

品牌功效：产品满足消费者功能性需求的程度

品牌功效的定义是产品或服务满足消费者功能性需求的程度。[①]

品牌功效超越了产品组件本身的性能，包含品牌差异化的维度。优质的产品是品牌的基础和保障；强势品牌不是凭空建立的，必须依托于优质的产品。最强的品牌定位依赖于品牌功效优势。品牌功效一般包括五类属性和利益。

（1）产品的主要成分及次要特色。主要成分的性能水平很关键，但是特殊方面也有可能成为吸引消费者最终购买的钥匙。

（2）产品的可靠性、耐用性及服务的便利性。可靠性反映了长期购买中功效的一致性，耐用性是产品使用寿命的指标，服务的便利性则是促进购买行为的重要元素。

（3）服务的效果、效率及情感。产品的好坏一部分需要用服务去体现，服务的效果和效率是显性的，服务的情感收获是隐性的。

（4）产品的风格与设计。设计具有影响功效联想的功能，除产品功能外，消费者还可能对产品美学方面的因素产生联想，因此品牌功效与产品的感官因素息息相关。

[①] 参见《基于理性与感性双重路径的品牌资产构建——读〈战略品牌管理〉读书笔记》，搜狐网，2021年5月4日。

（5）产品的价格。价格是一个特别重要的功效联想，因为消费者会根据不同品牌的价格形成对产品的品类认知。品牌的定价策略会在消费者心智中形成昂贵或者廉价的联想，以及该品牌是否经常打折促销等。例如，同样是汽车，当你听到五菱荣光和BBA（奔驰、宝马、奥迪）时，就会产生完全不同的联想和品牌认识。

品牌功效对应的另一面是品牌性格。如果"将产品或服务满足消费者功能性需求的程度"称为品牌功效与产品或服务的内在属性，那么"满足消费者心理和社会需求的方式"就是品牌性格与产品或服务的外在属性。

因此，关于品牌功效的模型分为两个部分，分别是左边的理性层面的品牌功效和右边的感性层面的品牌性格（见图9-5）。

品牌功效
★产品的主要成分及次要特色
★产品的可靠性、耐用性及服务便利性
★服务的效果、效率及情感
★产品的风格与设计
★产品的价格

品牌性格
★用户形象
★购买及使用情境
★个性与价值
★历史、传统与体验

图9-5　品牌功效模型

品牌性格指消费者如何从抽象的角度而不是从现实的角度去理解一个品牌。因此，品牌性格更多的是指品牌的无形元素。

消费者可以从自身经历中直接形成品牌性格联想，也可以通过广告等其他信息渠道如口碑、评论等，间接形成品牌性格联想。

一个品牌会有许多种与品牌性格有关的无形资产，尤其以下面四类无形资产最为重要。

（1）用户形象，即使用该品牌的人或者组织形成的。例如，"篮球之神"穿的AJ正代系列；一群充满活力的老年人穿着足力健的时候。

（2）购买及使用情境，即消费者应该在什么情况下购买并使用该品牌。例如，"今年过节不收礼，收礼只收脑白金"的广告词，就构建了一个过节送礼的场景；"享受短假期，自然江南春"的广告词，构建了一个能够在短假期内也可以很好地享受度假的场景。

（3）个性与价值，即通过消费者体验或营销活动，传递出的品牌性格特质，也可以称之为人类价值。

（4）历史、传统与体验，即品牌的历史渊源，或者品牌创始人的传奇经历，或者是品牌赞助的事件、品牌代言人等。这些联想有助于创建强烈的品牌差异点，以及向消费者传递品牌故事。

品牌责任：企业社会责任的三个层面

品牌责任即"品牌社会责任"。这个概念最早诞生于英国，主要观点是企业主动承担社会责任来完成品牌营销的使命，是品牌打造的更高阶段和最前沿手段。[1]

---

[1] 参见《ESG专辑|从CSR到ESG：读懂纷繁的可持续概念及其对企业品牌的启示》，数英网，2023年3月3日。

第九章 品牌利益点：对品牌资产进行全面评估

2011年，"现代营销学之父"菲利普·科特勒在《企业的社会责任》[①]一书中阐述了对企业社会责任（Corporate Social Responsibility，CSR）的定义：企业的社会责任是企业通过自由决定的商业实践以及企业资源的捐献来改善社区福利的一种承诺。

企业通过承担社会责任，树立起品牌形象，增加产品和服务对于消费者的吸引力，企业才能获得长期且丰厚的收益，也能创建起无形的品牌资产。

2020年至2022年，新冠病毒感染在世界范围内蔓延。为抗击新冠病毒感染，各领域的企业也承担起各自的责任。作为抗疫效果最好的国家，中国企业的贡献是巨大的，从一方土到一块砖，从一度电到一升油，从一只口罩到一套防护服，从一段管网到一间板房，都离不开众多企业的保障服务。可以这样说，抗击新冠病毒感染，中国企业在行动、中国品牌在参与，用踏实的贡献践行企业责任、擦亮自己的品牌。

一家企业、一个品牌，不仅是在为社会提供产品和服务，而且是以产品和服务为媒介，彰显着公共价值，传递着社会责任。因此，越是关键时刻，越能折射一个品牌秉持什么、坚守什么。

如何判断一个企业品牌是否负责任？回答这个经典之问，不能只看企业是"怎么说"的，关键要看企业是"怎么做"的。

在"怎么做"方面，我们推荐"CSR三分法"，虽然中小企业暂时无法像大企业那样全面做好CSR工作，但必须在成长阶段明确方向，少走弯路和错误。"CSR三分法"分为以下四个层面。

[①] [美] 菲利普·科特勒、南希·李：《企业的社会责任》，姜文波等译，机械工业出版社2011年版。

1. 符合规则层

很多企业错把 CSR 当作纯公益，认为只要多捐款捐物就是尽到了企业的社会责任。但实际情况是，一些污点企业即便捐赠了大量资金，也无法抹去为追求利润而损害消费者的事实。

CSR 的底层标准是企业要以社会公民的标准要求自己，必须遵守法律法规，对各个利益相关方负责。例如，雀巢公司不仅要求全体员工遵守所在国家和地区的法律法规，还制定了严格的内部政策，如与供应商合作时必须签署反贿赂协议，在开工时必须签署环境保护协议等，要求员工必须遵守各项协议（见图 9-6）。

```
                价值共创
               农业社区发展
              利益分享
             影响、水管理
            持续发展
          满足当下，着眼未来
          符合规则
       法律、业务原则、行为规范
```

图9-6　雀巢公司依据社会责任构建的企业发展金字塔

对 CSR 的忠实程度体现着企业的价值观，无论是"嘴把式"尽责还是"动真格的"，二者是有着本质区别的，影响会随着时间的推移越来越明显。说到底，责任品牌不是社会责任与品牌的简单加总，只有真正以公共责任为核心价值，才能实现市场价值、社会价值的共赢。

2. 持续发展层

有责任心的企业、负责任的品牌，抱负必然超越简单的赚钱逻辑而上升到让社会更美好的层面。

该层的核心是保护子孙后代的利益，因此在环保类项目上有着较明显的体现。如能源巨头 BP 公司就聚焦这一层，严格限制或避免商业活动中某些环节存在损害自然环境的可能。如果企业因为商业行为损害了全人类共有的自然环境，就要承担起相应的改善责任。例如，壳牌公司承担起了墨西哥海岸的治理与保护的社会责任，制订了墨西哥湾的海岸保护计划，不仅改善了当地的环境，还促进了商业的发展。

只有富有爱心的财富才是真正有意义的财富，只有积极承担社会责任的企业才是最有竞争力和生命力的企业。

3. 利益分享层

从产品到质量，从质量到品牌，从品牌到责任，每前进一步都是企业的成长蜕变。那些无视市场规律、忽视公共利益的品牌，无法收获良好口碑和公共形象，终究经不住市场大浪淘沙的冲刷。

好的 CSR 项目不仅要求企业承担社会责任，还要求企业能够将所获得的利益分享出去，为整个社会的良性发展做出努力。

雀巢公司推出的"全球工厂节水项目"，向农户提供资金支持，用于建造沼气池，帮助农户更高效地利用水资源。雀巢公司作出的全球承诺是"到 2020 年，将雀巢产品中添加的糖分减少 5%"。如今这个承诺已经兑现了。[①]

品牌是企业的无形资产，责任更是企业长远发展的"金字招牌"。品牌建设没有止境。进入新时代，责任担当正当其时。不断倡导品牌责任、努力打造责任品牌，让品牌的责任发声、让责任的品牌生长，就一定能在以

---

① 参见《雀巢帝国：唯本土化成就全球化》，中国经济网，2018 年 4 月 9 日。

质取胜的发展道路上实现"以责图强"。

4. 共创价值层

人一旦受到责任感的驱使，就能创造出奇迹来。企业、品牌亦如是。共创价值意味着要让项目参与方全部受益。

对此，雀巢公司的官方是这样描述的：我们相信，一个公司要想取得长远成功，不仅要为其股东创造价值，而且要为其经营所在的社区创造价值，商业文明和社会担当是和谐统一的。[①]

雀巢公司在云南普洱建有雀巢咖啡中心，与云南农业大学签署战略合作协议，进行人才培养和技术创新，带动了当地的人才发展，也为企业引入更多的优秀人才。雀巢公司向普洱派驻专家团队，为当地种植咖啡的人员提供技术帮扶，大幅提升了当地咖啡种植人员的技术水平，提高了咖啡豆的质量。当咖啡种植农户可以将高质量的咖啡豆卖出更高的价位时，也愿意拿出一部分咖啡豆以较低的价格卖给雀巢公司，供需双方实现了价值共享。

中国品牌日的标识，是篆书"品"字以鼎为形，企业进一步涵养负责任的品行、尽责任的品质、守责任的品位，把责任担当、公利大义融入高质量发展中，方能使自身立于不败之地，助中国品牌迈向鼎盛之时。

[①] 参见《雀巢咖啡"乘风"618，助力中国咖啡文化发展》，中国经济网，2023年6月20日。

第十章
品牌护城河：虹吸效应构筑强力品牌壁垒

在品牌塑造的道路上，品牌必须具备差异化，具备品牌自身的"护城河"。站在竞争对手的角度，了解竞品优势背后的弱势，进而打造品牌的区隔力。

如果将品牌想象成一个人，那么他身上无法复制的应该是其言谈举止、性格、情感，以及别人对他的印象。对于品牌而言，独特的定位、形象、性格，以及对消费者的承诺和消费者对其特有的感情，都是保护品牌免受外界伤害的"护城河"。

品牌关联：抬高用户转换的代价

1993年，股神巴菲特在致股东信中首次提出"护城河"的概念：最近几年可口可乐和吉列剃须刀在全球的市场份额实际上还在增加。他们的品牌威力，他们的产品特性，以及销售实力，赋予他们一种巨大的竞争优势，在他们的经济堡垒周围形成了一条护城河。相比之下，一般的公司在没有这样的保护之下奋战。[1] 就像彼得·林奇说的那样，销售相似商品的公司的股票，应当贴上这样一条标签："竞争有害健康。"[2]

品牌"护城河"主要分为两个方面：一是品牌的不可替代性——"人无我有"，二是品牌优势的短期不可复制性——"人有我优"。

品牌"护城河"是强有力的品牌心智，要做到"不可替代"和"人无我有"及"不可复制"和"人有我优"，首要一点就是提升用户的转换成本。

用户从A公司的产品转向B公司的产品省下的钱，低于进行转换发生的费用，它们的差额就是转换成本。这仅是从经济成本方面进行定义，其实转换成本是一项综合性的成本，指用户从一个产品转向另一个产品时所产生的一次性成本，包括经济成本、时间成本、精力成本和情感成本。

---

[1] 参见《巴菲特的"护城河"理论，揭示了企业盈利的终极来源》，简书网，2017年6月10日。

[2] 参见《从三个维度思考商业》，简书网，2020年10月17日。

第十章 品牌护城河：虹吸效应构筑强力品牌壁垒

试想，你的手机号使用了20年，是因为你对这家运营商有多么满意吗？多数原因不是这样的，而是更换手机号之后要处理的事太麻烦了，不仅要通知亲朋好友、合作伙伴，手机号还绑定了很多账号、银行卡，转换成本非常高。因此，即便对运营商的一些做法不满意，只要没触动自己的底线，就可以将就继续用这个手机号。

竞争战略之父迈克尔·波特曾提出：当用户从一个产品或服务转向另外一个产品或服务时，还会面临转换成本的阻碍。

你的用户对你（品牌/产品）的忠诚度，由两个因素决定：竞争对手的诱惑程度和转换成本。竞争对手的诱惑程度不受你（品牌/产品）控制，你（品牌/产品）可以控制的是转换成本（见图10-1）。

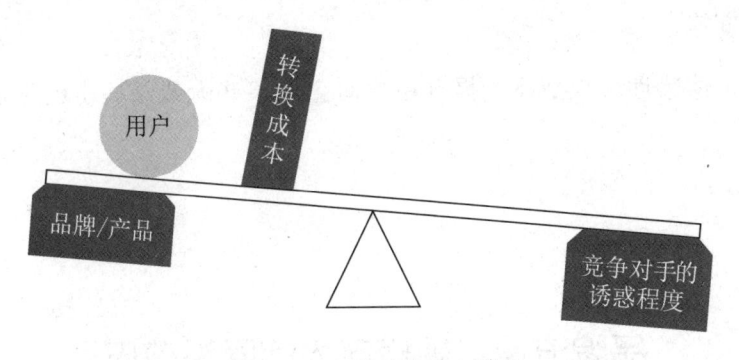

图10-1 用户转换成本简图

在图10-1中，竞争对手提供的价值比你所提供的价值更具诱惑性，用户会很自然地滑向竞争对手，此时如果没有转换成本作为阻隔，则用户将毫无阻挡地一路滑进竞争对手的怀抱；如果转换成本不高，用户也会推动转换成本慢慢滑到竞争对手的阵营中去，现实中就是用户犹犹豫豫的，最终还是"倒戈"了；如果转换成本够高，用户想推也推不动，就会被隔断在自己一方，如同上面手机号的例子，大部分用户都不会选择去推动转换成本，而是默默地留下来。

别管留下来的用户的忠诚度有多高，只要留下来，就都是忠诚的。所以，品牌想要让用户保持"忠诚度"（留住用户），不但产品要能满足用户的需求，还要提高用户的转换成本。

转换成本是企业非常有价值的竞争优势，当企业有办法让用户不跑到竞争对手那里去，就可以形成与用户较为长期的利益关联。转换成本可以分为以下三种形式。

（1）程序性转换成本。用户更换一个品牌或产品所需要的时间、精力或学习成本。

（2）财务性转换成本。用户继续使用品牌或产品的好处，如会员制度、积分制度等。

（3）情感性转换成本。提升用户对企业某些人或某些事的依依不舍之情。

品牌流量：规模庞大的网络效应

1995年，在伯克希尔的年度会议上，巴菲特对"护城河"的概念作了仔细的描述：奇妙的，由很深、很危险的护城河环绕的城堡。城堡的主人是一个诚实而高雅的人。城堡最主要的力量源泉是主人天才的大脑；护城河永久地充当着那些试图袭击城堡的敌人的障碍；城堡内的主人制造黄金，但并不都据为己有。粗略地转译一下就是，我们喜欢的是那些具有控制地位的大公司，这些公司的特许权很难被复制，具有极大或者说永久的持续运作能力。[①]

巴菲特所说的品牌"护城河"的第二个类型就是网络效应。

网络效应有狭义与广义两种解释，狭义的解释指使用"网络类"的产品的用户越多，产品的价值也就越大。网络效应以计算机网络先驱、3Com公司的创始人罗伯特·梅特卡夫的姓氏命名，也称"梅特卡夫定律"，以表彰他在以太网上的贡献。

网络效应的内容是：一个网络的价值等于该网络内的节点数的平方，而且该网络的价值与联网的用户数的平方成正比。

网络由很多节点及其连接组成。互联网是一种网络，互联网产品的本质是连接，连接类的产品往往有网络效应（见表10-1）。

表10-1　网络效应下的连接

端与端连接	举例
连接人与人的产品	微信、QQ、陌陌、Soul
连接人与信息的产品	百度、知乎、得到、哔哩哔哩
连接人与内容的产品	抖音、快手、火山、西瓜
连接人与商品的产品	淘宝、京东、唯品会
连接人与服务的产品	美团、滴滴、大众点评、饿了么
连接人与功能的产品	高德地图、剪影、美图秀秀

在表10-1中，各行之间的区隔并不明显，比如"连接人与信息的产品"和"连接人与内容的产品"就有很大的重复，只是根据具体平台的特征差异进行区分。大家可以根据自己对品牌的认知进行分类。

形成网络效应后，品牌的竞争力是非常强大的，面对很多竞争，有时

[①] 参见《巴菲特投资思想进阶轨迹：大师进化史》，雪球网，2021年11月11日。

不用品牌亲自动手，网络效应这条"护城河"就将对手拍在沙滩上了。

最典型的案例是微信。微信的月活跃用户超过10亿，很多人用微信是因为身边的亲朋好友都在用，通过微信可以方便地找到朋友，与朋友联系。如果谁在这个时代不使用微信，就如同"自绝于亲友"。在这种强大的网络效应下，曾经有很多的竞品都试图跟微信竞争，如网易的易信，最后都不了了之。[1]

说完了狭义的网络效应，再来看看广义的网络效应。其实，并非广义的比狭义的在用户层面的影响范围大，而是在品牌层面影响范围大，广义的网络效应突破了互联网产品，蔓延到了各个领域。

如果一个品牌能够建设一个"场"，把品牌的忠实用户圈到一起，围绕这些用户进行运营，就等于通过网络效应让这些消费者不会转移到对手品牌去。

只要产品或服务的价值随着用户人数的增加而增加，企业就可以受益于网络效应。信用卡、在线拍卖和某些金融产品交易所就是典型的例子。在以信息共享或联系用户为基础的业务中，更容易找到这种"护城河"，如美国运通的信用卡业务、微软的Windows操作系统、eBay的在线拍卖业务等。

网络的天性是"以主导者为核心实现扩张"，因此网络效应的绝对本质意味着，不可能同时存在众多的受益者，建立在网络基础上的企业，更易于形成自然性的寡头垄断，这就是网络效应成为极其强大的竞争优势的根本原因。

---

[1] 参见《刚刚，马化腾宣布：微信全球月活跃用户数超10亿》，腾讯云，2018年3月5日。

品牌价值：从性价比打造"心价比"

在2000年的伯克希尔股东大会上，巴菲特进一步解释：我们根据"护城河"是否具有不断加宽的能力，以及不可攻击性，作为判断一家伟大企业的主要标准。而且，我们告诉企业的管理层，我们希望企业的"护城河"每年都能不断加宽。这并非要求企业的利润必须一年比一年多，因为有时做不到。然而，如果企业的"护城河"每年不断地加宽，这家企业会经营得很好。[1]

2001年，被称为"当代爱迪生"的迪恩·卡门推出了第一款可应用的两轮电动平衡车Segway（赛格威），成为平衡车的鼻祖，并占据了领先的市场份额。[2]

在国内，一台Segway平衡车的售价要几万元人民币，只能作为有钱人的玩具。九号公司在创立之初就瞄准了平衡车这个市场，它生产的九号平衡车不是要和Segway比性能，其竞争策略是成本领先。

九号公司制造的九号平衡车通过轻量级材料、优化供应链来降低成本，第一代九号平衡车售价12000元，虽然还没真正达到"平民级"，但其售价只是Segway定价的几分之一。

---

[1] 参见《巴菲特的护城河理论》，简书网，2019年10月30日。
[2] 参见《用创造改变未来世界——平衡车之父狄恩·卡门》，搜狐网，2017年8月9日。

2014年,九号公司获得小米8000万美元A轮融资,成为小米生态链的一部分,这是其发展过程中的关键转折点。①

2015年10月,九号公司与小米联合推出新一代九号平衡车,在售价方面遵循小米高性价比的理念,直接降到了1999元,成了普通百姓的"玩具"。②

如果说12000元时的九号平衡车已经有很好的性价比了,那么1999元时的九号平衡车则打出了前所未有的"心价比",用超低价和高性能,直接打开了消费者的内心。借助小米的销售渠道,新一代九号平衡车发售仅两个月,就售出了10万台,实现了规模的快速增长。③

2015年11月,九号公司实现了漂亮的"反杀"——收购了平衡车的鼻祖Segway公司,获得了Segway的专利、品牌、渠道,顺利进入北美和欧洲市场。④

到2018年,九号公司以百万级销量成为全球平衡车领域的销售冠军。销量规模与制造成本是成反比的,销量越多,意味着可以进一步降低制造成本,现在京东上销售的九号平衡车随着销量的增加,可以进一步降低制造成本。目前,京东自营销售的几种九号平衡车中,最便宜的儿童款售价为1499元,最便宜的成人款售价为1999元。

通过对九号平衡车的发展历程的分析,你对成本优势形成的品牌壁垒是否有了更深入的认识?在价格决定用户购买决策的行业里,成本优势至

---

① 参见《[资本力量]红杉资本套现5%,九号公司的"故事"将如何演绎?》,搜狐网,2022年5月19日。
② 参见《解读九号公司400亿市值背后》,澎湃网,2020年11月3日。
③ 参见《九号平衡车:后起之秀如何成为全球龙头》,澎湃网,2021年3月24日。
④ 参见《解读九号公司400亿市值背后》,澎湃网,2020年11月3日。

关重要，通常体现在以下几个方面。

（1）高效的流程优势。这种优势只能建立起暂时性的"护城河"，一旦竞争对手复制了这种低成本优势或是发明新成本流程后，这种成本优势往往转瞬即逝。例如，西南航空公司的成功，在一定程度上依赖于潜在竞争对手的不作为或不合理的经营战略。

（2）更优越的地理位置。这种优势更持久，因为地理位置不容易复制。例如，福耀玻璃把工厂建在汽车厂附近，可以降低运输成本。

（3）与众不同的资源。或者称为"独一无二的世界级资产"。例如，巴西鹦鹉纸浆公司的最重要原材料桉树只在巴西长得最快，该公司用少量的资本即可生产更多的纸浆，从而成为世界上规模最大、成本最低的纸浆生产企业。

（4）相对较大的市场规模。规模优势创造的"护城河"是最长久的。规模带来的成本优势，最关键的并不是企业的绝对规模，而是和竞争对手相比的相对规模。固定成本越高的企业，即重资产企业拥有越大的规模优势，例如造纸、钢铁、水泥、硬件产品等行业。由规模带来的成本优势可以分为三个层次：配送、生产和利基市场，例如京东物流庞大而稠密的配送网络，不仅能比竞争对手提供更低的价格，还能创造更高的利润。

（5）采用新技术。引入新的技术与新的生产方式可能带来成本的降低，比如用 AI 客服代替人工客服等。

品牌沉淀：品牌的独特供给

在 2007 年伯克希尔致股东的信中，巴菲特指出，一家真正伟大的公司必须有一条坚固持久的"护城河"，保护它的高投资回报。资本动力学决定了竞争对手会不断进攻那些高回报的商业"城堡"。因此，坚固的防御，例如成为低成本制造商（汽车保险公司 GEICO）或持有一个强大的世界性品牌（可口可乐、吉列、美国运通），对于持久的成功而言，至关重要。商业的历史充满了"罗马蜡烛"（Roman Candles），那些自我保护措施不足的公司会很快在竞争中败下阵来。[①]

在品牌的运行过程中，如果供应链在效率和成本上都能和竞品有壁垒，那么品牌也可以提升自己的利润，且快速适应市场，调整货品供应。

2013 年，当时市场上移动电源（充电宝）的售价普遍在 200 元左右。此时，小米第一代移动电源横空出世，售价仅为 69 元。在消费者都惊讶于小米移动电源的低价时，它越来越好的使用口碑让更多消费者加入购买阵营中，推出一年就狂卖了 2000 万台，成了令世人瞠目结舌的爆品。[②]

是什么让小米移动电源有如此高的性价比？难道又是一次烧钱行为吗？还有一些竞争品牌想要在搞清楚小米移动电源的内在配置后，拿出"复制

[①] 参见《从40封巴菲特年度致股东信中总结的24条经验》，雪球网，2019年7月18日。

[②] 参见《第一代小米移动电源往事：为金属外壳不遗余力 开了近200套模具》，快科技官方百家号，2020年9月18日。

第十章 品牌护城河：虹吸效应构筑强力品牌壁垒

神功"生产自己的产品。

先来看看当时的小米移动电源的配置。虽然它的价格远低于同行产品的水平，但产品质量一点儿也不差。小米移动电源的电芯是来自LG与三星等国际顶级电芯供应商的原装定制电芯，拥有高达10400毫安的超大容量。在外观设计上，小米移动电源的机身经过阳极氧化喷砂处理，有着闪亮的金属光泽，机面更有可防汗、防腐蚀的功能，便于随身携带。

其他品牌的企业对小米的移动电源拆解后，发现按照自己的供应链去采购那些原材料，成本要多出100多元，按照这个成本做出来的产品还是无法与小米竞争。

小米移动电源对该领域造成了颠覆性的冲击，对手们却一直不知道小米能做到超低成本的原因，难道是那些顶级电芯供应商疯了？就在外界各种猜测满天飞时，小米移动电源供应链的曝光，彻底解开了这个谜题。谜底解开了，其他品牌却发现小米的竞争优势是不可能被模仿的。那么，小米移动电源在供应链上下了哪些功夫，能让产品达到超低的价格呢？

小米副总裁刘德说："移动电源的本质是尾货生意，这是小米充电宝能够取得极致性价比的原因。"[1]

2013年，小米公司注意到笔记本电脑市场因为受到平板电脑的冲击，销量大幅下跌，甚至断断续续出现了销售停滞现象，国际市场上主要为笔记本电脑提供18650电芯的企业出现了严重的产能过剩。小米抓住机会，找到LG公司和三星公司，提出用海量订单换取全球最低价格来订购电芯，虽然价格压到了极低，但能够让对方迅速回笼资金，以维持工厂产能，等于向对方伸出了援助之手。通过这种方式拿到的极低电芯价格，帮助小米

---

[1] 参见《如何为你的产品建立护城河？》，人人都是产品经理网，2022年3月19日。

将移动电源的售价降到69元,成为现象级爆款产品。[1]

这种彻底打通供应链,让品牌/产品拥有独特供给渠道和方式的做法,是竞争对手基本不可能模仿的。试想,如果再有其他企业也找到LG和三星,哪怕可以提高一点价格拿到电芯,这两家企业会答应吗?当然不会。因为对于他们而言,最艰难的时刻已经在小米的"帮助"下过去了,现在这两家企业也已重新调整了产业结构,不可能出现大规模电芯过剩的情况了,哪里还会以抄底价格向其他企业提供货源呢?别说是其他品牌,就是小米自己都不可能复制这次神迹了。拥有这样的"护城河",不仅能保护品牌的当下,还能保护品牌的未来。

品牌整合:数字化赋能品牌长红

从前边介绍的巴菲特的论述上看,转换成本、网络效应、成本优势和供应链渠道,是品牌"护城河"的主要来源。

随着网络经济和大数据的不断深入发展,企业应坚持以用户为中心,以创新驱动场景为引领,推动数字经济体系下的各个领域的数字化发展,用数字化赋能品牌建设。[2]

有句话叫"数字化是时间的朋友"。怎么理解这句话呢?当品牌的线下门店增多,SKU(最小存货单位)变多,订单量不断变大,用户数量越来越

---

[1] 参见《ZDC:2013上半年中国笔记本电脑市场研究报告》,中文互联网数据资讯网,2013年8月2日。

[2] 参见《推进品牌建设 提升品牌价值》,人民网,2020年12月10日。

多时，靠人为记录、分析、预测数据显然不现实，必须借助数字化运营来推动企业前进和成长。因此，构筑数字化壁垒是当代经济环境下品牌建设的必经之路。各个领域的数字化壁垒的构筑有行业性的区别。本节仅以新消费品牌为例，阐述如何通过人、货、场三个方面构筑数字化壁垒。

1. 人——千人千面的需求洞察

人是需求的发起者与感知者，对人的需求保持洞察是品牌建设必不可少的环节，无论是新锐品牌还是传统品牌，都要学会利用工具对消费者进行全面的数字化"管理"，形成对消费需求的捕捉闭环。

以百果园的数字化管理为例，[1]可以分为以下三个步骤。

第一步，构建品牌分享私域流量的最佳载体——企业微信+CRM。百果园在CRM基础上，通过数万个群覆盖百万核心用户。

第二步，通过显数据+隐数据+迭代数据，对消费者进行洞察，根据不同消费需求派发不同类型的优惠券，实现最大限度的精准营销。

第三步，将核心用户分为1%的KOC（关键意见消费者）和KOS（关键意见传播者），这些会员在社区内发挥重要作用。

2. 货——保持供需平衡

货品是连接消费者与品牌的实物媒介。没有可以满足消费者需求的货品供应，消费者就不可能与品牌建立关联。但并非货品供应越充足越好，因为消费者的需求具有饱和性，供大于求会对企业造成库存压力，求大于供则会让一部分消费者流失，因此，必须保持供应与需求的平衡，实现这一点就需要数字化的帮助。

联合利华在供应上协调8000多家配送网络和配送需求，鉴于对供应链

---

[1] 参见《百果园：从枝头到舌尖的数字化之路》，腾讯网，2023年5月11日。

的要求非常高，建立了 Demand Planning 模型，摒弃传统快消领域以员工（主要是高层）决策为主的决策链路，改用数据驱动，不仅减少了人为决策的偏见，还降低/避免了库存积压等成本损耗。

例如，当消费者从超市货架上取走一瓶多芬（联合利华旗下品牌）洗发水时，联合利华中国1500多家供应商和300多家商超及经销商的供应链数据就发生了改变。正是通过数字化打造可复制的上新能力，实现可持续的库存管理，让联合利华实现了从市场信息识别到需求预测和生产配送的全流程智能化，推动供应链向数字化转型。①

3. 场——全渠道打通

如今，单纯的线下销售或者线上销售渠道已不能满足消费者日益增长的需求。"场"已由原本的实体空间（自营门店）延伸到虚拟空间（虚拟门店）。对于品牌而言，通过数字化融合打通各个渠道至关重要。

（1）让全渠道成为品牌统一的输出窗口，消费者不是靠单一渠道链接品牌，而是靠全渠道链接品牌。

（2）在品牌内部（单一品牌内部或联合各品牌内部）使销售数据信息做到共享、互换，让品牌及时了解各个渠道虚实相交的所有渠道销售表现，进行协同规划。

---

① 参见《新消费品牌如何构建壁垒？我们总结出这4点答案》，36氪网，2021年9月22日。

第十一章
品牌恐惧症：打造强势品牌的六大误区

所有企业经营者都有一个打造强势品牌的梦想，但只有少数企业做到了，大部分企业没有做成或者根本不知如何去做。为什么？除了打造强势品牌这件事本身有难度外，还有一些认知上的误区导致打造强势品牌从一开始就走错了路，或者因为考虑存在偏差而不敢去做。本章就是纠正一些本不应该出现的打造品牌的错误认知，让想得多和想得乱、做得少和做得错，都成为过去。

打造强势品牌需要很长时间

那些世界级企业和世界级品牌多数都运行了上百年的时间，甚至更长。这就给一些企业经营者造成了认知误区，认为打造强势品牌一定需要很长时间。

时间长度和品牌声望之间的确存在正向关系，时间越长的强势品牌对于市场的影响力就越大，在这方面能举的例子太多了，比如奔驰、保时捷、香奈儿、迪奥、轩尼诗、路易·威登、松下、索尼……随便拿出一个，不是经历了100多年，就是经历了百八十年，个个都是老资格。但是，品牌经营并非单纯的熬资历，那些与这些世界级品牌诞生在同一时代的其他太多企业，都随着时间的流逝而消失了，时间对它们而言就是敌人。

再看看微软、亚马逊、甲骨文、腾讯、百度、京东、字节跳动……这些国内国外的世界级企业和品牌，最长的未及50年，最短的才十几年，但都成为可以影响世界经济"晴雨表"的巨人。

打造强势品牌就是要在目标受众心中成为首选，甚至是唯一选择。这的确是一项浩大的工程，但绝非需要很长的时间，老牌的世界级品牌的崛起也是在短时间内完成的，然后长期占据各行业龙头的位置。因此，企业要打造强势品牌不要设定太长的时间，要进行大刀阔斧的开疆拓土，防止迟则生变。一般以3年为重要节点来明确品牌定位，并强化品牌在消费者心目中的位置。在实际操作过程中你会发现，品牌的实现过程往往比预想的时间还要短。

但是，企业创始人的认知将成为企业发展的最大天花板。因此，若能引入专业人员的指导，则有利于明确企业发展路径，洞察企业外部经营环境变化趋势，盘点企业内外部优势资源，激发和调动团队的工作积极性，用3年甚至更短的时间完成品牌定位，成为目标受众心中首选，甚至成为唯一的选择，并非遥不可及。

打造强势品牌需要很多花费

春晚的吸金能力一直很强大。2010年，央视春晚广告收入达到6.5亿元，而后来的2018年，一个淘宝就拿出3亿元。[①]正如蒙牛联合创始人孙先红所说："春晚做广告是塑造品牌、树立企业形象的好机会。"[②]面对这样的大好机会，有能力的企业争相竞标，接近春晚片头位置的广告更是卖到了天价，每秒数百万元。

如果说春晚只是名声在外，各卫视的高质量综艺则是质量为王，广告赞助价格更是水涨船高。第一季《爸爸去哪儿》开拍时仅有2800万元的赞助费，但节目取得成功后，第二季的赞助费立刻就飙升到3亿元。雷军以3亿元的天价冠名了新一季的《奇葩说》，还亲自上阵参与节目录制。而刚刚开拍的新一季《奔跑吧》，获得了伊利集团5亿元的冠名费。

[①] 参见《想在央视春晚打广告，得花多少钱？》，虎嗅网，2019年2月4日。
[②] 参见《卫视春晚冠名变迁，就是一部90后消费简史》，百度百科，2022年1月7日。

看惯了这些读秒数百万元与总额数亿元的广告费后，会给人们一个错觉，那就是打造强势品牌必须要花很多钱。但是，这些都是成熟的企业和品牌做出的大宗广告宣传，对于实力尚浅的企业和品牌来说，根本无力承担天价广告费，要如何进行宣传呢？

事实上，花很多钱和打造品牌之间没有必然联系。例如，某精密制造企业用两年时间成了业界小有名气的中小型树脂砂铸铁件品牌，就完全是靠硬实力打出的口碑，其最大的一笔用于宣传的费用是2017年12月与中国铸造协会联合举办的"中小铸造企业转型升级高级研修班"。该企业为此活动赞助了两天餐费，不过付出2万元而已。

因此，中小企业同样可以靠少花钱甚至不花钱打造出强势品牌，但这样做对企业经营者的认知及营销团队的专业能力有很高的要求，需要该领域的专业人员进行指导，才能少走弯路。

打造强势品牌就是为了出名

打造强势品牌不是简单地为了出名，尤其是在出名并不能为企业经营带来价值的时候。《工业品市场部实战全指导》一书中有一句话："一切不以业绩可持续增长为落点的市场行为都是在耍流氓！"

很多企业经营者一听到品牌，就开始想如何做推广以提高品牌知名度。品牌知名度确实很重要，但绝对不是最重要的。以前的很多广告标王，现在品牌都已经不复存在了。原因不在于没有知名度，而是实力匹配不了名气，所以跌下了神坛。

品牌在成长阶段可以提出设想和发展前景，但是企业说过的话，别人都会记得，品牌就要努力兑现。因此，品牌的本质不是知名度，知名度只是一个结果。品牌最重要的是价值体验和感知，以及关系的递进。其实，企业打造知名度想要的结果无非以下四点。

（1）精准获客——更容易以更低成本获得精准用户。

（2）高效转化——更容易让用户信任和快速完成签单。

（3）提升留存——更容易提升品牌对老用户的黏性。

（4）复购转介——更容易让老用户重复消费和价值传播。

宁愿有100个铁粉，而不要10000个路人，因为路人只是听过品牌，铁粉则能做到深度认知品牌。从注意、兴趣、共鸣、信任和消费等多个方面不断升级与消费者的关系，能做好多少个关系就做多少个关系，然后才是提高知名度或流量，接着进一步提升关系。做品牌，尤其是小众品牌，消费者的满意度和口碑比品牌知名度重要，特别是当企业实力不是很强大的时候，就算知名度再大也很难同时服务好那么多消费者，反而会影响品牌知名度的建立。

很多小众品牌做得很好，虽然没多少人听过，但不妨碍这些品牌在特定圈层的口碑和影响力。当然，对于已经做成的强势品牌，知名度则是越高越好，因为已经做大了，能够服务好广大的消费者。

做品牌首先是做小范围的价值体验和口碑，其次是做忠诚度和粉丝，由粉丝带来更多裂变和转化，最后是做广泛的知名度。品牌知名度是最重要的品牌资产，但它是一个结果，因为品牌的交易关系做得比竞争对手更好，从而带来的知名度。

打造强势品牌就是投放广告

很多企业经营者认为，打造品牌就必须投放广告。换言之，做广告就是为了做品牌，但在实践过程中会发现投放广告的费用是中小企业承担不起的。于是，又有些企业经营者认为，中小企业去做品牌就是找死，因为没有足够的闲钱去做广告。也有一些中小企业勇敢地尝试了，但广告的效果与投放广告的期望值相比无法达到平衡。

必须承认，投放广告是企业进行品牌宣传的重要途径之一，但并非所有企业的品牌宣传都适用于投放广告，中小企业显然就不太适合走这条路，但很多中小企业往往在尚未明白广告究竟是怎样一种媒介时，就想要去走这条路。

广告是为了某种特定的需要，通过一定形式的媒体，公开而广泛地向公众传递信息的宣传手段。其主要目的有三点：一是新品上市告知，二是引导说服消费者购买，三是唤醒提示告知。

大品牌做广告为什么能取得好的效果呢？因为大品牌已经明确了品牌定位，无论是新品上市、说服购买还是提示告知，都是在具有非常明确的品牌定位之下进行的。可以说，大品牌的广告都具有系统性和一致性，广告中的所有宣传重点都在为品牌服务。例如，耐克和阿迪达斯的广告，各个体育类别的明星齐上阵，耐克的阵营和阿迪达斯的阵营可谓棋逢对手，网友甚至为两方的足球代言明星安排首发阵容。

中小企业一般都面对细分小众市场、产品数量少、需求弹性小的问题，这些企业在公众媒体上投放广告犹如拿大炮打蚊子，投入很大，作用却很小。而且，中小企业没有准确的消费者核心需求，就盲目投放广告，自然不会有好的业绩。

中小企业为了实现高效营销，也要采取必要的形式做品牌宣传和市场推广，但采用的方式不是大量投放广告，而是更具效率地全网传播。总之，能花钱不算本事，能把每一分钱都花在点子上才算本事。

打造强势品牌只需质量为王

"以产品质量求生存"，是很多企业不约而同打出的标语，目的是标榜自己的产品质量过硬。但在产品同质化泛滥成灾的当下，这句话就成了废话——对赢得目标用户的信任贡献值基本为零，从品牌传播和市场推广的角度来讲，自然是边界效益为零了。

那么，"以产品质量求生存"这句话错了吗？没有错，用于抓生产是永远适用的，但如果将这句话提升到打造强势品牌上则远远不够。

有些企业经营者也意识到了仅仅强调产品质量，并不能真正做到打造强势品牌，于是将质量的标准提高了，变为"把产品质量做到极致"。即便是同质化泛滥，那么，我将产品质量做到极致，就可以脱颖而出了吧！现实中，也的确有企业依靠将产品质量做到极致，而杀出竞争的"红海"，成为赢得消费者青睐的品牌。所以,"把产品质量做到极致"说法是对的,只是有两点需要厘清。

(1)产品质量好不好,究竟谁说了算?当然是市场说了算,是消费者说了算。那么,站在消费者的视角看,"把产品质量做到极致"就必须是"洞察消费者的真实需求,并为解决消费者的实际问题提供了最佳方案"。但在现实中有多少企业是站在消费者的角度考虑问题呢?很多企业都是站在自身的角度,自认为把技术指标做到最优或者功能做到最全,就是做出"极致"质量的产品,最终却发现消费者并不愿意为此埋单。

(2)闭门造车,这能够"把产品质量做到极致"吗?史蒂夫·乔布斯说过,市场调研没有用,因为消费者根本不知道他要的是什么!这句话说的是颠覆性创新的产品,用户都没见过,甚至根本想不到,如何描述需求呢!但对于大多数不是颠覆性创新的企业,就必须"以用户为中心",根据用户需求做敏捷迭代微创新。这就要求必须与用户不断互动沟通、协同创新,"把产品质量做到极致",这个"跳双人舞"的过程,也是不断与用户深化关系的过程。

因此,"把产品质量做到极致"是企业的判断,是打造强势品牌的基础,是必要而非充分条件。真正成为强势品牌,需要将用户视为企业不可替代的因素,用以指导企业的战略决策,并面向市场和目标受众进行广泛传播,最终让用户说"产品质量做到了极致",而不是自以为是!

第十一章 品牌恐惧症：打造强势品牌的六大误区

打造强势品牌只需营销推广

纵观各行各类企业打造强势品牌的过程，最有能见度、最能让大家感觉到的，甚至最有价值的部分，可能就是营销推广了。于是，很多企业经营者对品牌打造的认知就停留在营销推广上，认为树品牌就是树形象，做品牌就是做宣传，千言万语汇成一句话：品牌就是包装出一个美好企业的样子，然后展示给人看！

有的企业经营者不仅认知停留在这个层面，行为也停留在这个层面，只重视企业内部的市场营销部，认为品牌打造就是由市场营销部来统筹安排和协调的。甚至有一些经营者认为企业做品牌就是市场营销部的责任，一个优秀的市场营销部应该上能顶天（理解高层战略意图），下能立地（支持销售一线工作），还要中间显神通（懂产品——理解产品和解决方案能带给用户的价值，懂资源——内外一致协调企业资源，懂公关——站在行业高度统筹业界关系）。渐渐地，人们就认为，好像企业有了市场营销部，并对这部分加大投入，就能凭空造出一个"优秀企业和其下属的优秀品牌"。

别说这个世界上难以寻觅这样的市场营销部，即便真的存在，也是"巧妇难为无米之炊"。品牌打造应由市场部牵头的，由企业全员深度参与。例如，企业的营销、技术支持团队是与用户沟通最为密切的品牌接触点，也是品牌传播最关键的环节，如果这些环节对品牌打造工作不理解，市场营销部再强大也于事无补。因为品牌建设涉及全方位的工作，营销推广只是其中的一个环节（见图11-1）。

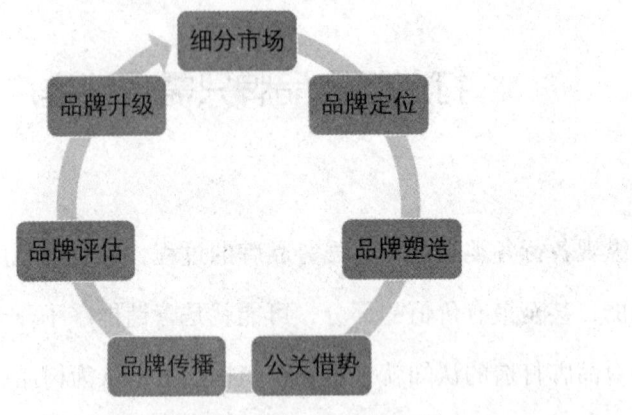

图11-1 打造强势品牌的七个重要步骤

参考文献

［1］［德］沃尔夫冈·谢弗、J.P.库尔文：《品牌思维：世界一线品牌的7大不败奥秘》，李逊楠译，古吴轩出版社2017年版。

［2］［日］小山田育、渡边瞳：《品牌化设计：用设计提升商业价值应用的法则》，朱梦蝶译，机械工业出版社2022年版。

［3］官税冬：《品牌营销：新零售时代品牌运营》，化学工业出版社2019年版。

［4］麦青：《品牌大渗透：解密品牌快速起步与持续增长的底层逻辑》，化学工业出版社2022版。

［5］黄彩霞：《个人品牌：六大核心塑造影响力》，中华工商联合出版社2023年版。

［6］刘国华、王祥伍：《品牌原力》，民主与建设出版社2023年版。

［7］渠成、马小婷：《品牌管理：品牌打造与影响力升级》，中国铁道出版社2022年版。

［8］刘述文：《品牌顶层设计》，中国纺织出版社2023年版。

［9］徐适：《品牌设计法则》，人民邮电出版社2018年版。

［10］卢泰宏：《品牌思想简史》，机械工业出版社2022年版。

［11］彭雅青：《品牌之王：超级品牌管理日志》，电子工业出版社2021年版。